Dentosofía

Nuestros dientes, una puerta a la salud

Del equilibrio bucal a la salud global

Michel Montaud

aia Ediciones

Título original: *Nous dents, une porté vers la santé*

Traducción: Od. Dolores López del Jesus, Od. María Judith Gelfo Flores
y Med. Est. Ana Delgado Rabadá

Diseño de cubierta: Rafael Soria

© 2007, Le Souffle d'O'r, Francia - www.souffledor.fr

Publicado por acuerdo con Le Souffle D'or SARL,
5 allée du Torrent 05000 GAP, Francia
Derechos españoles vendidos por la agencia Abiali Afidi

De la presente edición en castellano:
© Gaia Ediciones, 2016
   Alquimia, 6 - 28933 Móstoles (Madrid) - España
   Tels.: 91 614 53 46 - 91 614 58 49
   www.alfaomega.es - E-mail: alfaomega@alfaomega.es

Primera edición: marzo de 2017

Depósito legal: M. 8.315-2017
I.S.B.N.: 978-84-8445-666-7

Impreso en España por:
Artes Gráficas COFÁS, S.A. - Móstoles (Madrid)

ÍNDICE

PRESENTACIÓN DE LA EDICIÓN ESPAÑOLA

Han pasado más de treinta años desde que los fundadores de la dentosofía en Francia sentaron los principios de esta, uniendo con sabiduría los conceptos de la ortodoncia funcional y los impulsos metodológicos de la medicina antroposófica a las bases de la odontología clásica.

El coraje, la paciencia, la curiosidad, la intuición y la confianza de los fundadores han llevado al desarrollo de un método realmente innovador, que se centra en la restauración de la salud partiendo del análisis y el estudio del sujeto sano. El camino terapéutico está orientado hacia la obtención de las correctas funciones neurovegetativas del sistema oral. Aprenderemos cosas simples pero fundamentales: cómo respirar, cómo masticar o cómo deglutir. Con un correcto funcionamiento de estas funciones, descrito de manera admirable por el doctor Michel Montaud en este libro, muchos síntomas periféricos (desde el dolor de cabeza hasta los dientes torcidos) tenderán a resolverse espontáneamente. «La función desarrolla el órgano», nos enseña la fisiología. Por tanto, en el plano físico si la función es correcta, el órgano resultante será correcto.

Tales consideraciones son ya suficientes por sí mismas para emprender este camino, pero la dentosofía no se queda ahí, porque es un modo nuevo y moderno de plantear el enfrentamiento a la enfermedad, considerando al ser humano en su globalidad real, de cuerpo, ánima y espíritu…

En el ámbito de la dentosofía se va más allá de la lógica científico-mecanicista, que ve al hombre completamente ajeno a su individualidad espiritual.

A través de la experiencia del camino dentosófico nos damos cuenta, de manera maravillosa, que la mejora no solo se percibe en el cuerpo físico, sino también en los cambios que se detectan en el plano anímico o emocional.

Esto ofrece al paciente la posibilidad y la capacidad de redescubrir su individualidad propia y verdadera, sus fuerzas vitales únicas y desarrollar así los procesos de curación necesarios.

La dentosofía es, en primer lugar, una autoterapia, un camino personal de autoconocimiento y autoeducación: un puente de unión concreto, práctico y tangible entre la práctica y la teoría, entre la ciencia y la filosofía, entre lo visible y lo invisible.

La dentosofía permite al médico tener en su repertorio de tratamientos una posibilidad de encuentro más amplio entre la voluntad de curar del terapeuta y la voluntad de curación del paciente.

Este libro está escrito de manera sencilla y directa, e incluye testimonios y profundizaciones científicas. Por su carácter divulgativo es un libro que satisface y va incluso más allá de las expectativas tanto de los pacientes como de los odontólogos. La lectura del libro resulta un tratamiento en sí misma.

Le doy las gracias de corazón al doctor Alessandro Calzolari, quien en 2005 tuvo el impulso de llevar la dentosofía a Italia y se ha ocupado de manera incansable de mantenerla vigente, y sobre todo al doctor Michel Montaud, hombre libre y generoso, que nos ha regalado a todos su obra y que continúa su trabajo de búsqueda veraz y constante estudio del ser humano con un corazón puro y una mente libre.

Envío un particular elogio y mi felicitación a las colegas españolas pioneras, las doctoras Dolores López del Jesús, Judith Gelfo Flores y Ana Delgado, quienes con fuerza, tenacidad y coraje han traducido este libro y han querido que la dentosofía llamara a la puerta del corazón de los pueblos que comparten el español como lengua materna, a fin de que este proyecto se convierta en un generador ideal de fuerzas vitales.

Treviso, 30 de diciembre de 2016
Doctor Alessandro D'Angelo

NOTA DE LAS TRADUCTORAS

L A VIDA ES MOVIMIENTO Y RITMO. El ser humano tiene ritmos biológicos que son inherentes a la vida y que, en su conjunto, interpretan la música interior del individuo, que se expresa a través de su estructura (cuerpo) y de su mente (psique).

La dentosofía nos muestra que a través de los dientes podemos leer la partitura de estas interpretaciones personales y que cada ser humano, gracias a su voluntad y con la guía del odontólogo, puede desarrollar su capacidad de autocuración y trabajar en estos ritmos mediante la boca para redescubrir su verdadera y original música interior.

Un encuentro en 2015 en el Congreso de Odontología Antroposófica en Lanjarón (Granada) fue decisivo para generar el impulso que ha traído este libro a tus manos. Deseamos expresar nuestro agradecimiento al doctor Michel Montaud por su apoyo y al doctor Marco Bertoletti, así como nuestro reconocimiento al doctor Alessandro D'Angelo por su ayuda incondicional, sin la cual no habríamos conseguido que por fin la dentosofía hablara en español.

Madrid, 2017

Od. Dolores López del Jesus
Od. Judith Gelfo Flores
Med. Est. Ana Delgado Rabadá

11

AGRADECIMIENTOS

A Kiki, mi esposa, que nunca ha dudado de mi capacidad para el cambio.

A Claude y a Sandy, mis hijos, que me han hecho el regalo más bello que un padre pudiera soñar: han permitido que se despierte un poco mi conciencia, para así educarlos con mucha más atención.

A mi hermano Bernard, que me ha aportado su experiencia en el ámbito de la edición y la escritura.

A Monique Guillemin, por su paciencia y eficacia en el delicado trabajo de corrección.

A Anne y Jean Claude Duret, por su valiosa ayuda como profesionales de la edición.

A Thérese Roesch, por su apoyo generoso y dinámico ante los medios.

A todos mis pacientes, sin los cuales nunca habría podido profundizar en este tratamiento.

A todos los colegas que se han unido a mí y se han comprometido personalmente en esta búsqueda. No puedo citarlos a todos, pero se reconocerán entre líneas.

ADVERTENCIA

❧

EL TRATAMIENTO QUE SE PROPONE en esta obra tiene la boca como puerta de entrada... pero va mucho más allá de los dientes. Gracias a esta disciplina se produce una mejoría de la boca, pero paralelamente también se observa un alivio de todas las patologías que presente el paciente, ya que trabaja sobre el cuerpo y la mente. Estimula asimismo el potencial de autocuración que existe en el ser humano, pero exige que el paciente tenga fuerza de voluntad. Es ahí donde pueden surgir ciertas dificultades, pues la curación depende de la motivación verdadera de cada paciente.

Introducimos en esta obra la noción de autoterapia, que es esencial pero no suficiente. Por eso es importante subrayar desde ahora la importancia de la implicación del dentista para seguir esta técnica. Y como este tratamiento es global y proviene de la sabiduría de los dientes, no nos permite tratar a los pacientes fuera de nuestro campo. Es importante entonces que colaboremos estrechamente con los distintos especialistas médicos que estén abiertos a esta técnica multidisciplinaria.

Dentosofía

PRÓLOGO
Mi trayectoria
ϡ☚

SOY DENTISTA Y TENGO UNA CONSULTA PRIVADA.
Trabajo también en una clínica, donde hago extracciones
de muelas del juicio y premolares según prescriben mis compañeros dentistas y ortodoncistas *.

En los niños es frecuente que exista un apiñamiento dentario,
por lo que se indica la extracción de los premolares.

Estamos obligados a extraer unos para permitir que otros se
posicionen.

Actualmente, la extracción de premolares a chicos de alrededor de doce años es un acto rutinario y anodino.

Estamos en 1982...

Visto desde fuera: nos encontramos con una trayectoria in-
tachable, una licenciatura, una bella esposa, dos niños preciosos,
una gran consulta y dinero... la vida es bella.

Seguimos en 1982...

Visto desde dentro: sufro de terribles dolores de espalda, hasta
tal punto que estoy valorando el dejar de trabajar como dentista.
Los médicos me dicen que tengo una espondiloartritis anquilo-

---

* Los asteriscos remiten al «Glosario», al final del libro y los números, a la «Bi-
bliografía».

sante. Por otro lado, tengo continuamente dolores abdominales. Soy deportista y sin embargo me duelen las piernas cuando tengo que subir un piso para acceder a mi consulta. No, no tengo 90 años; tengo 28… y me siento extenuado todas las mañanas al despertarme.

En esta época, mi hijo Claude tiene 3 años. Desde su nacimiento llora todas las noches. Como trabajo de forma estresante e intensa no estoy mucho con él. Mi esposa pasa su tiempo con él hablándole, cantándole, contándole cosas, es decir, siendo madre mientras que yo paso el mío intentando «parecer su padre»; ella dedica mucho tiempo durante la noche a calmarlo y así deja dormir al que trabaja, al que lleva el dinero a casa, al jefe. No se despierta al jefe.

Derrotados por el comportamiento de nuestro hijo, decidimos consultar a diferentes especialistas que no encuentran otra solución que la de drogarlo para que duerma… O más bien para que duerma **yo**.

Finalmente, los lloros se transformaron en pesadillas muy violentas.

Testimonio de Claude a los 20 años:

> Cuando yo tenía 9 años casi cada noche vivía lo que los psiquiatras llaman *terrores nocturnos*. Sin ser consciente me levantaba con los ojos abiertos como los sonámbulos, con un terror que no podía describir con palabras. Tenía un miedo profundo de atacar a mi familia en un momento de descontrol, como la niña de *El exorcista* [5], poseída por el demonio.
>
> Podéis imaginaros como eran mis jornadas en estas condiciones, porque vivía con el pánico permanente de la noche que se acercaba. El mejor momento era por la mañana, es decir, el más alejado de la noche, cuando podía ver la luz del sol.

Esto se pasará, nos respondían sistemáticamente los pediatras a los que consultábamos. Pero, a pesar de su opinión tranquilizadora, no se pasa. El niño crece con sus pesadillas.

Paralelamente, la boca se le va desequilibrando y finalmente los ortodoncistas diagnostican la extracción de los cuatro premolares, a la que le seguirá la de las cuatro muelas del juicio.

En esa época de mi vida, la idea de la extracción de dientes sanos a niños empezaba a molestarme, así que había decidido dejar esta actividad un año antes.

Imaginaos mi reacción: «¿Cómo? ¿Mi propio hijo no tiene espacio en la arcada para que se le ordenen todos los dientes?».

Yo, su padre, el dentista que supuestamente lo sabe todo sobre este tema, tenía que decidirme a extraerle dientes definitivos a mi hijo cuando había dejado de hacérselo a otros niños.

A nivel intelectual este hecho me parecía inaceptable, pero en la práctica no había otra solución. Yo conocía el diagnóstico irrefutable y no había ninguna otra posibilidad, pero rechazaba la idea con todas mis fuerzas.

Retrospectivamente, valoro aún más el poder absoluto del hombre cuando está seguro de estar en lo cierto. De repente, cuando estamos convencidos de que nos encontramos en el camino de la verdad, este se abre y tenemos la fuerza para emprenderlo.

Para mí el camino se presentó bajo la forma de una cita con un médico homeópata, al que consultamos mi esposa y yo para nuestro hijo y a quien le conté mi rechazo a extraerle los dientes. Entonces él me habló vagamente de un método suave de rectificación de los dientes del cual se había enterado recientemente.

Hay que tener en cuenta que al acabar los estudios de medicina, los médicos no tienen ni idea de lo que ocurre en la boca y los dentistas ignoran el funcionamiento global del ser humano; además, en el caso de mi hijo, no se trataba solamente de corregir la posición de los dientes: había que encontrar también el lugar necesario para que cupieran y ponerlos en buena posición. Con esto quiero decir que, por lo general, un dentista no discute las palabras del médico.

Y sin embargo... Esta escena ocurría un viernes; me informé de inmediato y me enteré de que el domingo siguiente había una conferencia en París sobre el aparato de corrección dental... y allí estaba yo.

Fue entonces cuando hice el descubrimiento de mi vida en forma de... un aparato de caucho corriente.

Ese domingo conocí al profesor Besombes, coinventor de un aparato de látex, y esa misma noche se lo coloqué en la boca a mi hijo. Para nada sabía lo que iba a pasar; había oído la teoría, pero no existía ningún estudio clínico sobre él.

Este aparato lo inventaron los profesores Soulet y Besombes en el año 1953, y había sido catalogado como obsoleto por los científicos de forma unánime.

Treinta y cinco años después, no existía ninguna prueba, reconocida por los profesores, de las posibles proezas de este activador *. Al científico que soy no le faltaba nada más para salir corriendo. Pero aún hoy no sé qué es lo que me retuvo.

No tengo ninguna respuesta científica que dar y los cartesianos * quedarán decepcionados; solo puedo citar a Einstein:

«No existe ningún camino lógico para descubrir las leyes elementales del universo; el único camino lógico es la intuición.

El mecanismo del descubrimiento no es ni lógico ni intelectual: es una iluminación súbita, casi un éxtasis».

No puedo hacer nada más que aceptar **esta cita** de Einstein. Por primera vez en mi vida, alcanzaba el éxtasis...

En este preciso instante supe que a Claude no podía hacerle ningún daño el aparato.

Esta es la continuación del testimonio de Claude a la edad de 20 años:

Tenía a veces vértigos importantes. Mis padres, impotentes, me habían llevado a los mejores especialistas, que me sometieron a numerosos test, electroencefalogramas y otros exámenes para buscar una solución a mis males.

Un día que mi padre volvía de una conferencia en París, pronunció, con una pasión y un amor que no le reconocía, una frase que se me quedó grabada: «Toma, ponte esto», me dijo simplemente, dándome un aparato de caucho.

Y mastiqué por primera vez en mi vida un activador.

Sentí enseguida que era **mi** oportunidad, como mi padre; él también acababa de comprenderlo para su propia vida.

Al cabo de una semana de masticar el aparato (solo por la noche), las pesadillas terroríficas que me amenazaban durante el día, los vértigos y todos los problemas asociados desaparecieron; puse toda mi voluntad y sentí una gran confianza en mi padre.

Podéis imaginar que tales resultados me motivaron lo suficiente para seguir el tratamiento y reequilibrar mi boca y mi vida. Además, tenía a mi lado a mi padre, que estaba sufriendo una metamorfosis y que a su vez transformaba a toda la familia.

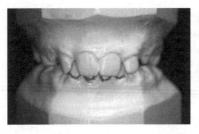 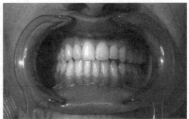

Foto 1: Antes del tratamiento   Foto 2: Después del tratamiento

No os podéis ni imaginar cómo me sentía ese famoso domingo en París, cómo fue mi regreso en el TGV... Tenía la impresión de haber puesto el pie en otro planeta, un planeta interior donde existe el bienestar, uno que nunca había sentido a ese nivel. Ahora sé que para alcanzar la felicidad debemos estar presentes en el momento justo, es decir, vivir este famoso momento presente, el «aquí y ahora»; saborear ese estado solo puede hacerse con la conciencia y la conciencia se vive únicamente en el presente. Tendremos la oportunidad de volver a hablar de este tema.

Aún hoy considero que por primera vez en mi vida era consciente de mi estado de bienestar; no hay palabras en la Tierra que sean capaces de expresar este sentimiento. Sin embargo, a pesar de todo, hay que rendirse a la evidencia.

A partir de este «encuentro», voy a presenciar lo increíble: mis dolores abdominales y de espalda van a desaparecer poco a poco; mi astenia (enorme fatiga al despertar) también.

La boca de mi hijo se armonizó perfectamente, sin ninguna intervención quirúrgica. **Sin embargo, como he afirmado antes, esto se consideraba imposible desde el punto de vista científico.**

Os aseguro que a este nivel de mis observaciones me sentía en la misma situación que el recién nacido que descubre la vida terrestre. Se encuentra con lo nunca visto cada segundo del principio de su vida con los ojos del momento. Yo asistía estupefacto a un acontecimiento que no podía ni siquiera concebir en mi imaginación, ya que me habían enseñado que todo esto pertenecía al dominio de lo irrealizable.

Este cambio radical en mi vida no podía sino afectar de lleno a mi visión de la profesión. Si quería comprender estos acontecimientos, hacía falta que me involucrase totalmente en la investigación de este tratamiento.

Todo esto me descubrió la **noción del tiempo**. Darme tiempo; tomar la decisión de que debía ser el dueño de mi tiempo y no al contrario. Así, disminuí mi presencia en la consulta y cogí «vacaciones» cada vez más a menudo para saciar la sed de investigación.

Las observaciones que hice sobre mi hijo se confirmaron con otros niños. Mi fascinación ante lo no realizable era infinita y las rectificaciones obtenidas con este aparato de caucho sobrepasaban lo razonable.

Fue el comienzo de una gran aventura que continúa cada día desde entonces…

Tomé conciencia de esto:

YO NO SOLO SOY dentista; lo soy por las casualidades de la vida… soy un ser humano.

Y esta toma de conciencia cambia todo en relación con nuestro modo de funcionar, pues si queremos crecer como dentistas, es imperativo que pasemos primero por un trabajo sobre el ser humano.

Voy a desarrollar en detalle el que ha sido mi camino durante todos estos años y las etapas que he superado para llegar a la *sabiduría de los dientes o dentosofía* *.

Desde hace quince años, un amigo y yo hemos desarrollado una formación reservada a los profesionales de la salud (esencialmente dentistas, pero también algunos médicos, osteópatas, psicoterapeutas, ortofonistas...). Por este motivo, emplearé algunas veces el *nosotros* en lugar del *yo* para representar a todos los compañeros y compañeras que participan en el desarrollo de este tratamiento.

INTRODUCCIÓN
LA DENTOSOFÍA
ॐ

I. ¿QUÉ ES LA DENTOSOFÍA?

Definición de *dentosofía* (o sabiduría de los dientes):
«Tratamiento que se caracteriza por una visión humanística de
la práctica de la odontología, basándose en técnicas funcionales
y poniendo de manifiesto la relación existente entre el equilibrio
bucal, el equilibrio del hombre y, en un sentido más amplio, el
equilibrio del mundo».

Pero ¿qué significa esto? ¡Que existe una relación entre los dientes, el ser humano y el mundo! ¿Cómo podemos decir algo así? El
ser humano posee en sí mismo los cuatro reinos: el reino mineral,
el reino vegetal, el reino animal y el reino humano. El esmalte dental
está constituido únicamente por mineral, que es el reino más arcaico
del hombre donde están arraigados los recuerdos y los conflictos
más antiguos. La boca puede ayudarnos a descifrar estos vínculos.

«Para convertirse en un ser humano completo hay que tener
una cierta apertura de espíritu, una cierta capacidad de creer, sin
tener pruebas, en las cosas que sobrepasan nuestra comprensión»
(Martha Nussbaum).

Este libro está dedicado a todas y todos aquellos que nunca
han cerrado la puerta y que se han atrevido a decir «¿por qué

no?» antes de experimentar por ellos mismos este tratamiento. Y también a todos aquellos que no cierran la puerta y se ponen en marcha.

Al cabo de muchos años, nuestro trabajo común pone de manifiesto las relaciones irrefutables que existen entre el equilibrio bucal, el equilibrio del hombre y, en consecuencia, el del mundo, ya que son los hombres los que crean el mundo en el que viven.

Entonces, ¿cuáles son esas relaciones a las que nos referimos? ¿Puede revelarse un ser humano por su boca? ¿Es utopía o realidad?

La boca y los dientes nos hablan. Escuchémoslos, mirémoslos, comprendámoslos. Ellos nos explicarán nuestra historia y nos permitirán, si así lo decidimos, curarnos. Pero...

II. ¿QUÉ ES CURAR?

La curación es una palabra cuyo alcance no siempre medimos.

En la primera visita yo les pregunto a mis pacientes: «¿Se sorprende si le digo que el único médico para usted es usted mismo?».

Desde la Antigüedad, los grandes maestros han situado el poder de curación en el propio hombre. Esto no le sorprende a mucha gente: en general los pacientes no se sorprenden y asienten.

Yo continúo entonces: «Si nosotros somos realmente nuestro propio médico, ¿por qué vamos a la consulta cuando nos ponemos enfermos?».

La respuesta generalizada es esta: «No podemos solucionarlo todo solos».

Esto parece lógico. Así pues, consultamos a un terapeuta, los síntomas desaparecen y hablamos de curación.

Pero ¿en qué momento de este proceso somos nuestro propio médico?

De hecho, cuando los pacientes hablan del médico interior, no piensan más que en los poderes de autocuración del hombre, que son, por ejemplo, el sistema inmunitario, la cicatrización o la consolidación de fracturas, que actúan solos sin nuestra autorización. Estos procesos se sitúan por debajo del nivel de la consciencia. Pero ¿la curación puede reducirse a esto?

Entonces, ¿qué es curarse? Curarse es recobrar la salud.

¿Qué es la salud? Es «el estado de alguien a quien el organismo le funciona correctamente» (Larousse).

¿Y a qué llamamos un funcionamiento correcto? Para la mayoría de gente es no ponerse enfermos.

Así pues, cuando preguntamos «¿qué es la salud?», «no estar enfermo» es la respuesta más frecuente. El lenguaje popular da la definición de una palabra por la negación de su contrario. Sin embargo, esto no es posible. La definición de una palabra no puede estar basada en su contrario, y aquí nos topamos con la prueba de que en el lenguaje popular no encontramos definición para la palabra *salud*.

Ocurre lo mismo con la palabra *curar*. Si no encontramos ningún significado para estas palabras, es porque nos equivocamos desde ya hace tiempo en el enfoque que adoptamos.

Podríamos cambiar la definición de *salud* de la forma siguiente:

«Es curarse sistemáticamente cuando estamos enfermos, lo que es completamente diferente a no tener enfermedades».

La salud es la facultad de utilizar los propios procesos de autocuración en todo momento. Es un proceso de vida fisiológico.

Sigamos con nuestra reflexión.

Estos procesos de autocuración se utilizan sin cesar. Nos enfrentamos cada segundo a gérmenes (virus, bacterias), a agresiones térmicas (las diferencias brutales de temperatura, por ejemplo), y lo que llamamos en medicina la *fisiología* (o estado normal) no es más que la capacidad vital del hombre para adaptarse constantemente a todas esas adversidades. Todos estos mecanismos se realizan sin la intervención de la consciencia.

Pero ¿en qué momento acaba la adaptación y empieza la enfermedad? Podríamos responder «cuando las capacidades de adaptación están desbordadas se instala la enfermedad».

¿Y dónde se encuentra la frontera entre la adaptación y la enfermedad? Es el ser humano el que la define.

En efecto, en un estado febril, el aumento de la temperatura lo genera el cuerpo. Siempre hay una adaptación del cuerpo, pero esta vez somos conscientes de esta adaptación y la fiebre está considerada como el principio de la enfermedad. Se le llama *síntoma*, y este ya no pertenece al dominio del inconsciente.

Por lo tanto, si el cuerpo produce fiebre cuando lo necesita, significa que posee el poder, de la misma forma que el hombre respira por la boca si se le tapa la nariz. Nadie puede forzar al cuerpo a aumentar la temperatura interior. Es una función biológica natural, totalmente inconsciente (es la constatación de la fiebre que llega a nuestra consciencia, no su desencadenante), para intentar quemar ciertos agresores. Podemos decir que la reacción a una enfermedad es también un proceso normal de la vida. La única diferencia con relación a la adaptación es que nosotros tomamos conciencia del síntoma.

La adaptación podría llamarse «enfermedad curada sin ser conscientes» y la enfermedad sería entonces una «adaptación consciente».

Para sostener estas observaciones propongo la reflexión siguiente:

«Enfermamos comiendo y nos curamos digiriendo» (siempre y cuando la alimentación no sea tóxica, por supuesto).

De hecho, si no asimilamos los alimentos por medio de la digestión, nos ponemos enfermos (indigestión, vómitos, diarreas). Si esto perdura, nos morimos. Comer no es suficiente; **hace falta** digerir.

De todos modos, es vital comer, porque si no lo hacemos morimos igualmente. Tenemos la **obligación de comer.**

Comer es indispensable pero no suficiente y digerir es un paso obligado.

Esta digestión corresponde a la degradación de las moléculas de productos que provienen del mundo exterior. Nos hace falta transformarlo todo para asimilar y permitir, entre otras cosas, el paso de la barrera intestinal y pulmonar. No podemos inyectar directamente en la sangre los alimentos no transformados o el aire sin provocar la muerte. Tenemos la obligación **vital** de «humanizar» todo aporte que viene del exterior.

Nos encontramos frente a una ley de la naturaleza:

Todo lo que proviene del mundo exterior es veneno (aire, alimentos), y sin embargo es para nosotros una necesidad vital.

A partir de estas constataciones podríamos decir que:

El hambre es el «síntoma» de la enfermedad «comer», que es un fenómeno natural, fisiológico e indispensable. Nos curamos de ella mediante la digestión en todas las comidas desde el nacimiento a la muerte. Todo el mundo considera comer y digerir un proceso normal. Así pues, la fisiología es curarse una y otra vez.

Me pongo enfermo comiendo y me curo digiriendo.

Estar sano implica tener la capacidad de estimular permanentemente los propios procesos de curación.

Si lo normal es curarse siempre, ello significa que la enfermedad es una necesidad (como comer) y la curación, una obligación (como digerir).

Podemos también comparar la enfermedad con el desequilibrio y la curación con el equilibrio. Pongamos el ejemplo de la marcha. Cuando andamos, el pie derecho, por ejemplo, se encuentra en el aire presto a posarse en el suelo. En este instante perdemos el equilibrio, pero cuando se posa lo recuperamos, y tan pronto como el pie izquierdo se separa del suelo, volvemos a la situación de desequilibrio hasta que se posa a su vez para recuperar el equilibrio de nuevo, etc. La marcha es una sucesión de equilibrios y de desequilibrios.

En este ejemplo, igual que sucede con la enfermedad y la salud, el desequilibrio es una necesidad y el equilibrio, una obligación.

Hemos visto que la adaptación era de hecho una enfermedad que se curaba sin la intervención de la consciencia, poniendo en marcha los procesos inconscientes de autocuración (como comer desencadena los procesos de digestión), mientras que el desarrollo de la enfermedad nos vuelve conscientes.

Pero ¿conscientes de qué?

Si nuestro organismo es capaz de regular la inmensa mayoría de las adaptaciones, ¿por qué existe la enfermedad? Seguramente tiene algo que decirnos y que nosotros debemos comprender; de lo contrario, se quedaría en la fase de la adaptación.

La enfermedad tendría entonces sentido.

Aquí aparecen las nociones del por qué y **para qué**, es decir:

¿Cuál es el sentido de la enfermedad? ¿Qué quieren decir estas patologías? ¿Cuál es su objetivo? Recordad: comemos y digerimos, la mayoría de las veces de forma totalmente armoniosa, del mismo modo que andamos sin caernos.

La armonía es la norma.

Si la armonía es lo natural, el hombre enfermo es una ilusión humana y un mundo enfermo es una ilusión mundana. Las enfermedades son el reflejo de su huésped (el hombre), y el mundo es el reflejo del hombre, ya que este lo creó.

Pero el hombre percibe el funcionamiento de este mundo de la misma forma que percibe las enfermedades, ¡y no es una utopía!

¿Cómo podemos comprender esta otra forma de pensar?

Ha llegado el momento de evocar a los sabios de la Antigüedad, que hablaban del médico interior del hombre. Hacían alusión al ser psicoafectivo, es decir, el ser pensante y el ser que siente y no solamente en los procesos de autocuración inconscientes.

Al anunciar que **la enfermedad es una necesidad y la curación una obligación**, como si eso fuera lo normal, vemos que oscilamos toda nuestra vida, de forma fisiológica, entre estas dos divisiones. El director de orquesta de esta sinfonía es nuestro funcionamiento psicoafectivo. Este temperamento nos hace inclinarnos de un lado o del otro, y en cada instante deberíamos saber adónde dirigirnos para entender la enfermedad. Siempre podemos elegir entre el caos y la armonía o la enfermedad y la curación (y no solo un alivio).

La enfermedad es una función biológica natural al mismo nivel que la vista o la respiración.

LA ENFERMEDAD FORMA PARTE DE LA SALUD

La enfermedad se convierte en nuestra amiga porque da sentido a nuestra vida. Nos guía en todo momento y nos indica: «No vas por el buen camino; no es grave: basta con que consultes tu plano y vuelvas al cruce anterior. Entonces estarás en el camino de la curación».

Esta curación (y también la enfermedad) viene siempre desde el interior (es decir, de nuestro estado de bienestar), a pesar de que muchas personas imaginan que viene del exterior.

La enfermedad debe hacernos tomar conciencia de que nuestra forma de funcionar no es armoniosa, y ahí está ella para advertirnos y permitirnos cambiarla.

Este es el verdadero sentido de la enfermedad:

Se vuelve una presencia necesaria para producir una curación indispensable para «crecer».

Y cuando todos hayamos «crecido», la enfermedad ya no tendrá razón de existir. No tendrá nada que decirnos; se quedará en la fase de la adaptación.

Ahora comprendemos mejor por qué la enfermedad accede a nuestra consciencia en lugar de quedarse en la fase de la adaptación inconsciente.

La enfermedad adquire ahora otra dimensión y la curación, otro sentido. Veremos a lo largo de este libro como los acontecimientos de la vida pueden aportar al ser humano lo que necesita para avanzar en la comprensión de su historia y desencadenar sus propias curaciones.

1
NUESTRA VISIÓN DE LOS TRATAMIENTOS DENTALES

ঽ৽

«Las hipótesis científicas son necesarias para el progreso; son el motor esencial de la investigación, que consiste únicamente en la verificación y la confirmación de las hipótesis».

CLAUDE BERNARD

EL MÉTODO CIENTÍFICO HABITUAL parte de hipótesis que se basan en evidencias, verifica estas hipótesis y después saca las conclusiones pertinentes.

Y son verificaciones estadísticas probadas científicamente las que me permiten presentar, a lo largo de esta obra, unos resultados incuestionables.

En efecto, el tratamiento que proponemos ha sido validado por cientos de casos clínicos. Hasta ahora no hemos encontrado un solo paciente cuya boca pueda contradecir (si se me permite la expresión) lo que voy a desarrollar, y que se ha convertido para nosotros en una realidad cotidiana.

Pero antes de nada, permitidme describiros brevemente el activador.

I. OTRA FORMA DE TRATAMIENTO DENTAL

1. Historia

En 1953, los profesores René Soulet[2] de la facultad de Clermont-Ferrand y André Besombes[2] de la Facultad de París presentaron por primera vez un aparato de ortopedia funcional llamado *activador Soulet-Besombes**, para la corrección de las dismorfosis bucales y destinado a un amplio público.

Por la misma época, el profesor Pedro Planas[14, 15], de la Facultad de Medicina de Madrid y después de la de Barcelona presentó a la comunidad médica sus placas de pistas y formuló sus teorías sobre el equilibrio oclusal y las leyes de desarrollo del sistema estomatognático* (rehabilitación neuro-oclusal RNO)*.

Estos métodos, de gran interés médico, se desarrollaron a principios de los años 60; se presentaron en el Congreso de la Sociedad Francesa de Ortopedia Dentofacial* en 1961 y después de un cierto tiempo los declararon obsoletos y los ahogaron bajo todo el arsenal terapéutico y comercial de quienes promovían las técnicas de ortodoncia fija.

Los profesores Soulet y Besombes por un lado y el doctor Planas por otro se dedicaron a desarrollar métodos funcionales (sin aparatos fijos)* que fueron grandes descubrimientos. Pero la innovación era muy complicada y el inventor se encontraba muchas veces «prisionero» de su descubrimiento, y más si se enfrentaba a la oposición o la indiferencia de la mayoría de sus colegas. Por ello, hoy en día podemos utilizar estas técnicas con una tranquilidad que no podían tener en aquella época.

Con la experiencia, nos hemos dado cuenta de que estos descubrimientos no eran un fin en sí mismos, sino que constituían los pilares de un tratamiento mucho más amplio. En efecto, sintetizando estos métodos, pudimos aprovechar lo esencial a nivel técnico, por supuesto, pero sobre todo hemos podido aumentar poco a poco las posibilidades de realizar transformaciones bucodentales mediante un acompañamiento global del paciente, lo que supone un tratamiento poco convencional en nuestra profesión.

2. Aspectos prácticos

El método consiste en un tratamiento que se basa en ejercicios practicados por el paciente con un activador de caucho que le colocamos en la boca.

Este activador tiene la particularidad de ser plurifuncional, es decir, que realiza una verdadera rehabilitación de las funciones neurovegetativas (respiración, deglución, succión-masticación y fonación) e induce a una transformación profunda del paciente. El tiempo de uso del activador es variable, en función de la edad de cada paciente y de la evolución del tratamiento, y en general en un adulto no sobrepasa los veinte minutos, tres veces al día. Además, el uso del activador durante la noche permite una interac-

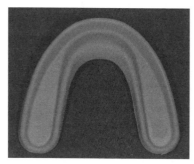
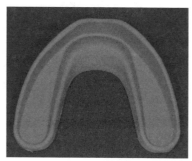

Foto 3: Vista superior   Foto 4: Vista inferior

ción con el inconsciente del paciente, indispensable para el éxito del tratamiento.

Utilizamos otras herramientas que han demostrado al cabo del tiempo ser completamente **indispensables** para el éxito y sobre todo para la estabilidad del tratamiento. Son muy variadas, pero tienen en común la particularidad de estimular los procesos de autocuración. Es el uso adecuado en cada momento de las herramientas de las que disponemos lo que constituye la riqueza y la eficacia de nuestro tratamiento. Para no sobrecargar este libro, me ocuparé de la descripción de estas técnicas en otra obra.

II. RESULTADOS CLÍNICOS

Antes de continuar veamos algunos casos clínicos que os permitirán familiarizaros con este tratamiento.

Sylvain tiene 40 años cuando se interesa por primera vez por la dentosofía*. Estudiaremos su caso en detalle un poco más adelante. De momento lo observaremos sin dar explicaciones precisas.

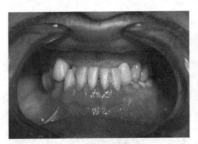

Foto 5: Antes del tratamiento

Foto 6: Antes del tratamiento

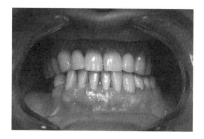

Foto 7: Después del tratamiento

Bernardo, de 50 años, presenta una patología opuesta a la de Sylvain. En este ejemplo, los dientes del maxilar superior se sitúan por delante de los del maxilar inferior.

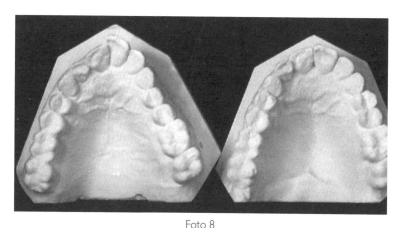

Foto 8

Antes del tratamiento   Después del tratamiento

Observamos en la foto 8 a la izquierda el maxilar deformado antes del inicio del tratamiento y a la derecha de la foto, la armonización de la anchura del maxilar.

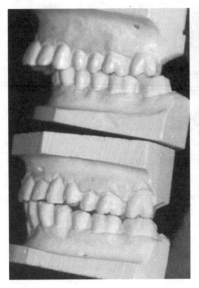 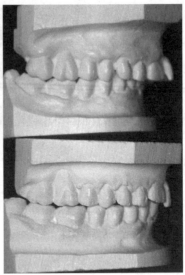

Foto 9   Foto 10

Fotos 9 y 10: En la parte superior están los moldes anteriores al tratamiento y en la parte inferior, los moldes tomados 18 meses después.

Este tercer caso es el de una señora, Angéla, también de 50 años. Presenta, entre otras patologías, un apiñamiento bastante importante de los dientes.

La foto 12 representa los moldes de los maxilares superior e inferior vistos desde la parte superior.

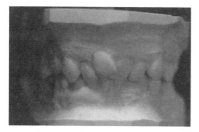

Foto 11: Antes del tratamiento

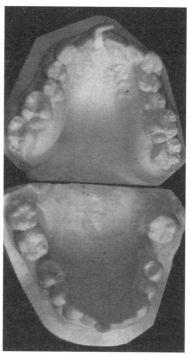

Foto 12: Antes de tratamiento

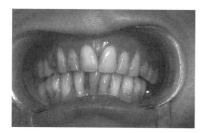

Foto 13: Después de tres años
de tratamiento

Observemos ahora a David, un niño de 12 años.

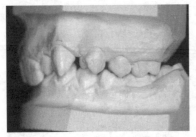

Foto 14: Antes del tratamiento

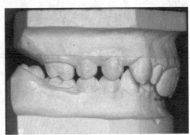

Foto 15: Antes del tratamiento

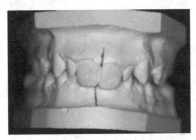

Foto 16: Antes de tratamiento

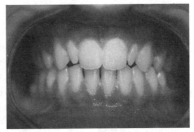

Foto 17: Después del tratamiento

David sufre una sobremordida excesiva (de más de 14 mm) de los incisivos superiores en relación con los inferiores (sucedía lo mismo en el caso de Angéla, pero de forma menos acentuada). En el lenguaje odontológico esta patología se denomina *supraoclusión*. La alteración es tan acusada que cuando mastica se muerde el paladar con los incisivos inferiores.

Observamos en la foto 17 el nivelado horizontal de los dientes, o lo que los profesionales denominan el *plano de oclusión*. En el lenguaje odontológico, la oclusión es la posición de los dientes cuando estos están en contacto. Con este tratamiento, se produce siempre un plano real. En el caso de este chico (foto 14 de perfil), si nos imaginamos una línea que pasa por el borde de los dientes superiores obtenemos una línea curva.

Además, en el caso de David, este plano está bloqueado en los tres sentidos del espacio: de arriba abajo (es la supraoclusión), de delante atrás y de derecha a izquierda. Estas dismorfosis las encuentran los osteópatas en otras zonas del cuerpo.

Finalmente, para terminar la primera fase de la descripción de estos casos clínicos, hablemos sobre Julien, de 5 años.

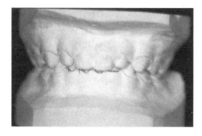 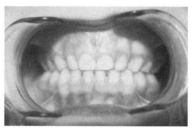

Foto 18: Antes del tratamiento   Foto 19: Después de seis meses
de tratamiento

Apreciamos una cierta similitud de este caso con el de David. Presenta también una supraoclusion, donde los dientes superiores cubren a los inferiores. Es una muestra útil que nos indica que podemos y debemos tratarlo lo antes posible. Por ejemplo, en el momento en el que escribo este libro, el paciente más joven había iniciado el tratamiento cuanto contaba dos años y medio.

¿Qué podemos deducir ya de la presentación de estos casos clínicos?

Pues bien, el aparato desarrolla unas fuerzas mecánicas muy débiles, controladas puntualmente por la sola energía del paciente, mientras que habitualmente las técnicas ortodónticas u ortopédicas actuales ejercen presiones o tracciones de forma constante.

Además, se utiliza poco tiempo en comparación con otros aparatos que se fijan a los dientes las veinticuatro horas.

Los casos clínicos como el de Sylvain (fotos 5-6-7, p. 36-37) y el de Bernard (8-9-10, p. 37-38) son sistemáticamente candidatos a extracciones al llegar a la edad adulta para armonizarles la boca. Actualmente, no existe otra alternativa. Sin embargo, yo no he tenido que extraer ningún diente.

Como he mencionado anteriormente evocando mi experiencia en este tratamiento, los resultados obtenidos con la ayuda de este sencillo aparato de caucho desafiaban todas las reglas que me habían enseñado. Y me surgían numerosas preguntas.

No podía explicarlo según los datos científicos actuales, pero constataba todos los días estos resultados. Para intentar comprender el proceso necesitaba investigar más.

2
LAS RELACIONES ENTRE LA BOCA Y EL CUERPO
ॐ

I. FUNCIONES VITALES Y MALFORMACIONES BUCALES

Si retomo la explicación de mi trayectoria… en 1982, visto desde fuera, la vida es bella… pero a mí me duele todo. Después, encuentro el activador y mi vida cambia, porque a partir de ese momento voy a observar las bocas de otra forma y al ser humano, también.

Un día llega a mi consulta un señor elegante de unos cuarenta años. Es Francis. Su rostro serio le da un aire de gravedad. Se sienta en el sillón y me dice: «Vengo aconsejado por un amigo mío. Ha tratado usted a su hijo con métodos originales para alinearle los dientes. Yo sufro desde hace tiempo de un apiñamiento de los dientes de delante que no es estético».

Esto podría ser una explicación del aspecto serio y severo de Francis. Sin embargo, mirando sus incisivos (foto 20), podemos observar que su boca no tiene falta de estética. Empiezo la visita haciéndole tomar conciencia de que su boca no le parece estética desde la aparición de sus incisivos definitivos, es decir, desde la edad de siete años. ¿Qué le motiva a empezar un tratamiento de ortodoncia a los cuarenta años si sufre moralmente desde hace treinta y tres años por esto?

Le extraña mi pregunta y no la contesta de inmediato. «¡Pero es verdad! ¿Por qué me decido ahora si esto me amarga la vida desde hace tanto tiempo?»

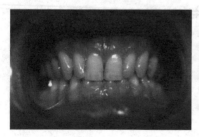
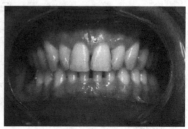

Foto 20: Antes del tratamiento   Foto 21: Un año después del inicio del tratamiento

1. La respiración

Le explico entonces a Francis lo que pasa en la boca: esta se encuentra sometida permanentemente a un conjunto de movimientos fisiológicos que le dan la forma poco a poco. Sus funciones principales son la respiración nasal, la deglución, la succión, la masticación y la fonación.

Le describo la forma de su boca y le hago observar el recubrimiento excesivo de sus incisivos superiores con respecto a los inferiores. Vemos en esta posición la sobremordida (los incisivos superiores esconden totalmente o en gran parte a los inferiores) tal como le pasaba a Claude, David, Julien, Bernard y Angéla.

Y le hablo de la noción de la respiración nasal. Cada vez que una persona presenta una configuración bucal idéntica a la suya, sabemos que respira por la boca, duerme con la boca abierta o entreabierta (o los maxilares apretados) y a veces ronca.

Francis se asombra: «¡Es normal que respiremos por la boca! ¿Por qué hay que respirar por la nariz y no por la boca? ¡Solo se trata de distintos conductos! Observe a los deportistas ¡Todos respiran por la boca!».

Esas reflexiones son frecuentes en nuestras consultas y tenemos que dar una explicación.

Respiramos alrededor de 18.000 veces por día. Calculemos el número de respiraciones hasta la edad de 12 años: 80 millones. ¿Por qué hasta los 12 años? Porque es a esta edad cuando los dentistas recomiendan la extracción de los premolares definitivos para dejar espacio a los dientes restantes.

Analicemos más de cerca el concepto de respiración nasal. Al nacer, los senos maxilares que se sitúan justamente por encima de los premolares superiores son muy pequeños.

En cada respiración nasal, el aire los llena (neumatiza) y los hace crecer. Su base corresponde a la parte superior del maxilar superior. Si se estimulan, los huesos maxilares crecen y los dientes pueden colocarse sin dificultad en el hueso. A estas alturas ya podemos deducir que el niño que tiene respiración bucal no utilizará plenamente sus 80 millones de estimulaciones. Estas serán insuficientes para crear el espacio necesario para la erupción de los dientes definitivos, que aparecen a la edad de 12 años.

La respiración bucal contribuye a la falta de crecimiento del maxilar y a un apiñamiento de los dientes.

Para corroborar este tema puedo citar un experimento realizado con un mono joven. El hecho de taparle la narina derecha produjo una falta de crecimiento de toda la mitad derecha de la cara. Por consiguiente, una respiración nasal alterada provoca deformaciones faciales.

Describir de forma científica los distintos sistemas de compensación puede ser aburrido para el lector, por lo que iré a lo esencial. Pero es fundamental comprender la importancia de la respiración nasal desde el nacimiento. La nariz, a partir de su sistema de micropilosidad y de microcirculación sanguínea, filtra las impurezas del aire del ambiente y lo calienta. Se produce, por tanto, una transformación del aire que no puede efectuarse con la respiración bucal.

Existe también una incidencia directa entre la respiración nasal y el oído. En este último se encuentra un canal que lo pone en conexión con la retrofaringe. El conducto auditivo drena la mucosidad secretada por la mucosa del oído hacia la faringe. Si este conducto auditivo está obturado, constatamos problemas de ventilación del oído medio y un acúmulo de la mucosidad responsable de las otitis serosas, medias, crónicas o agudas. **La única función que sirve para mantener este conducto auditivo abierto es la respiración nasal.** De hecho, el aire, que pasa cerca del conducto auditivo crea un sistema de aspiración por vacío. En el caso de la respiración bucal, el ascenso del velo del paladar impide toda aspiración posible porque el aire no pasa por la proximidad del conducto y la mucosidad puede acumularse.

Podemos observar el impacto de la respiración en todas las enfermedades ORL* del niño y del adulto.

Después de las explicaciones dadas a Francis, veo como se le iluminan los ojos como si acabara de tener una revelación:

> Cuando era joven sufría una otitis detrás de otra. Ahora tengo la nariz tapada constantemente. Me han hablado de ri-

nitis crónicas, lo que explicaba mi respiración por la boca, que creía que era consecuencia de la nariz tapada y sin embargo es todo lo contrario. La respiración bucal es la causa de mi nariz tapada. He respirado siempre por la boca y progresivamente se me ha ido obstruyendo la nariz ya que la usaba muy poco, como un camino por el que no pasa nunca nadie y lo invaden las malas hierbas. ¡Y pensar que desde hace 30 años me han estado hablando de polución, ácaros, etc.!

Desafortunadamente, los problemas no terminan aquí. No solo el niño no desarrollará armoniosamente los huesos de la cara, no solo tendrá complicaciones ORL, sino que su cerebro tendrá que adaptarse a esta respiración bucal porque, pase lo que pase, el hombre respirará 500 millones de veces más si llega a la edad de 90 años.

La ciencia actual conoce el hecho de que, a través del cerebro, todo el cuerpo participa en el efecto de la compensación. La postura se modificará, los hombros irán hacia delante, la espalda se encorvará y el organismo consumirá más energía y más oxígeno. Al hablar de oxígeno, nos referimos al sistema cardiopulmonar y al aumento de la ventilación y del ritmo cardiaco.

Con este motivo os presento los resultados de los trabajos del profesor Macary en 1960 sobre la incidencia de la respiración sobre el volumen del corazón.

El corazón es una masa muscular que, salvo que esté afectado por alguna enfermedad, crece de forma constante hasta alcanzar su talla adulta. Así, el profesor Macary había observado que en los niños con respiración bucal precoz se notaba un aumento del volumen de la parte derecha del corazón. Se dio cuenta de que tratando todas estas respiraciones bucales, se obtenía una disminución sistemática del volumen del corazón en los niños y un retorno a la normalidad. Puso de manifiesto que la respiración bucal musculaba el corazón por un aumento del ritmo cardiaco. Esta respiración crea una sobrecarga energética porque el corazón debe compensar un aire no transformado.

Si no se hace nada para suprimir todos los cambios que hace nuestro cuerpo, el cerebro llevará a cabo su trabajo de reajuste y se adaptará a este cuadro toda la vida hasta el día en el que las adaptaciones ya no serán suficientes. En esta fase es cuando aparece la enfermedad. Si se produce la corrección de esta respiración, el sistema nervioso recuerda de inmediato las reglas de la normalidad, programada en todo ser humano, y vuelve a poner todo en orden. Por este motivo había podido el profesor Macary observar una normalización de los corazones de todos los niños que pasaron a respiración nasal.

Actualmente, no se le da importancia a la respiración bucal. Todo el mundo piensa «el cuerpo lo compensa bien; no hay ningún problema».

Esto es falso: la respiración nasal es fundamental para todo ser humano. Cuando el hombre produce un esfuerzo sostenido su ritmo cardiaco se acelera para hacer llegar lo más rápidamente posible el oxígeno a los músculos y así evitar la asfixia que se produce en una primera fase, lo que genera calambres para detener un esfuerzo demasiado intenso. La cantidad de oxígeno que pasa por la nariz no es suficiente y entonces se instaura la respiración bucal.

El cuerpo es nuestro mejor amigo; está ahí, como hemos visto, para compensar las deficiencias en primer lugar y prevenirnos después con unos síntomas que no revisten gravedad. Si no hacemos caso de sus alertas sufriremos una afectación profunda de la estructura y en algunos casos podríamos llegar a tener contracturas y después desgarros musculares.

Esto puede aplicarse también por supuesto a los deportistas. El deportista llegará a la respiración bucal mucho más tarde, porque ha entrenado su corazón o tiene un ritmo cardiaco más bajo que la mayoría de la gente, pero cuando pase a la respiración bucal, estará también en el modo de compensación. A diferencia de quienes no son deportistas, podrá hacer llegar mucho más lejos sus compensaciones y desplazar de forma considerable «la zona roja», que significa que el hombre ha alcanzado sus límites en ese momento. De hecho, el deportista lleva al límite sus estructuras permanentemente, pero no es consciente de ello. Habría un trabajo formidable que llevar a cabo en el ámbito deportivo, donde podríamos obtener resultados inigualables y sin peligro si se diera la importancia que le corresponde a la respiración nasal y si los entrenamientos se basaran en ella. Por otro lado, es la única respiración que puede llevarnos al estado de gracia o *zone* en inglés, como lo explican muchos deportistas que llegan a ese estado que les permite llevar a cabo hazañas deportivas no solo sin esfuerzo, sino también con una sensación de bienestar total.

¿Hemos tomado conciencia del impacto vital (*vital* en el sentido de calidad de vida) de la respiración nasal? Se trata de una valoración cualitativa y no cuantitativa. En realidad, podemos vivir igual respirando por la boca, pero ¡a qué precio!

Veamos ahora lo que le ocurre al niño en el momento del nacimiento. Lanza un grito y después respira instantáneamente por la nariz. Visualicemos a un recién nacido con los puñitos y la boca bien cerrados cuando duerme. Estos lactantes maman en respiración nasal; si no, se asfixiarían. Están tan bien que se duermen con el seno en la boca.

Pero esto no dura mucho tiempo. Por ejemplo, pensad en una guardería, una clase o una sala de conferencias y observad la gran cantidad de personas que se encuentran con la boca entreabierta. ¿Por medio de qué alquimia ha transformado la humanidad, pues de ella se trata, a los bebés con respiración nasal en adultos con respiración bucal? ¿Tenemos idea de la cantidad de bocas desequilibradas, o sea, de respiradores bucales, y del beneficio que la humanidad entera podría obtener si se interesara en esta noción del equilibrio bucal? No es suficiente un libro para describir la importancia de esta respiración única para el equilibrio del hombre. Voy a mostrar las razones más evidentes de momento.

Pero volvamos a Francis. Parece cada vez más perplejo: «Nunca oí hablar de todo esto. ¿Por qué existen tantas compensaciones? ¿Por qué se producen estos desarreglos a pesar de que todo está programado en el nacimiento para funcionar normalmente? ¿No sería más sencillo evitar todas estas complicaciones? ¿Por qué hay tantas personas afectadas por la respiración bucal? ¿Y por qué si la ciencia lo sabe no toma la respiración nasal en consideración?

Yo me hice las mismas preguntas cuando llegué a constatar este hecho, que me preocupaba mucho, y desde entonces no he cesado de intentar comprenderlo.

En una primera fase, no podía aceptar la respiración bucal como una fatalidad. Había que encontrar un medio, el más natural posible, para tratarla.

Se ha comprobado que el activador plurifuncional es una respuesta natural y muy eficaz al tratamiento de estos desórdenes. En efecto, gracias a su forma, cuando se coloca en la boca solo permite la respiración nasal. Observamos mejorías espectaculares. En pocos meses, otitis y rinitis recurrentes se atenúan y después desaparecen. Los niños pasan los otoños y los inviernos sin problemas.

Paralelamente a esta respiración nasal, vemos como se transforman las bocas: por ejemplo, observamos la desaparición de la supraoclusion incisiva. Al solucionarse la sobremordida, se produce una mejoría general. Los niños y los adultos duermen mejor; ya no tienen pesadillas (ver la descripción de Claude, p. 18).

También es el caso de Viviane (foto 22), que no tiene dientes en el maxilar superior y le quedan seis dientes de delante en la mandíbula. Lleva una dentadura completa superior y una parcial inferior. El beneficio del activador ha sido el mismo que si hubiera tenido todos los dientes.

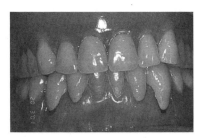

Foto 22

He aquí su testimonio:

Tengo 78 años. Llevo el activador desde hace 6 meses. Antes respiraba por la boca y pasaba malas noches. Ahora mi respiración ha mejorado mucho y las noches son más tranquilas; tengo menos pesadillas y me canso mucho menos…

El año pasado, dos meses antes de mi cumpleaños, tenía ansiedad y estaba un poco deprimida. Este año, eso no me ha ocurrido y he pasado bien el día. Estoy mucho mejor conmigo misma y menos cansada.

A medida que he ido experimentando estos tratamientos, he asistido a una sistematización de estos fenómenos.

Volvemos a Francis. A pesar de ser una persona de mentalidad cartesiana * y escéptica, no había cerrado la puerta a otras opciones y estaba dispuesto a probar el activador para ver si nuestras hipótesis se cumplirían para él.

Esto es lo que nos escribió durante el tratamiento:

> Pronto hará un año que mastico este trozo de caucho y reconozco que no termino de creer los resultados. Resulta difícil admitir que puedan cambiarse las cosas con un objeto tan anodino. No lo daba por hecho al principio...
>
> Siempre he proyectado malestar, angustias nerviosas y también ciertos bloqueos. Desciendo de una familia de nerviosos y angustiados reconocidos... Quedaban todavía periodos de incomodidad, menos profundos pero todavía presentes, y siempre acompañados de síntomas psicosomáticos, como migrañas oftálmicas, náuseas debidas a un bloqueo general y también angustias diversas difíciles de superar.
>
> Desde el inicio de mi experiencia, admito que las cosas han cambiado: en primer lugar, mis dientes se han movido y eso me ha animado. Casi no he sufrido periodos de malestar, tengo más confianza en mí, no he tenido nuevas migrañas y mis visiones del futuro y de la vida son más positivas. En resumen: me siento feliz; esto no es el paraíso, pero ya no es un infierno sinsentido.
>
> En cualquier caso, admito que los hechos son desconcertantes: a veces me gusta incluso masticar el activador.
>
> Ya no siento alegrías desmesuradas, explosivas, pero en contrapartida, tampoco sufro aquellas angustias insoportables que tanto me debilitaban.

Lo mejor de todo es la desaparición casi total de mis angustias. Espero que todo lo que he vivido no vuelva nunca y que se borre de mi memoria para siempre, pues incluso si en el futuro la vida me trae pruebas dolorosas, me gustaría afrontarlas con mi ánimo actual.

Todavía me queda mucho por vivir y deseo continuar en esta dirección para alcanzar un equilibrio todavía mayor y ser, de hecho, más feliz.

Todos mis pacientes, cada uno a su manera, confirman esta mejoría. La respiración está íntimamente relacionada con el estado de bienestar. Veamos lo que nos describe Denise, de 42 años (fotos 23-24):

Mi osteópata me aconsejó que fuera a la consulta de algún dentista que practicara la dentosofía, y llevé también a mis dos hijas.

En mi caso, la estética y el hecho de que el tratamiento fuera indoloro me interesaban, pero no creía que los dolores y el estrés disminuirían y sin embargo fue lo que me pasó en el transcurso del tratamiento; incluso empecé a disfrutar intensamente de los placeres de la vida. Modifiqué además ligeramente mi firma.

Este tratamiento me ha permitido también ser más consciente y reflexionar más sobre mi vida.

En realidad, no es nuevo señalar la importancia de la respiración. Las tradiciones antiguas ya hablaban de ello. Lo sorprendente es constatar la facultad del cuerpo para recuperar estas funciones (normales), aunque se hayan visto perturbadas desde

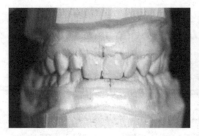 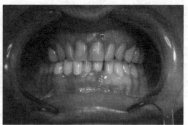

Foto 23: Antes del tratamiento
Recubrimiento total de los incisivos
superiores sobre los inferiores

Foto 24: Después del tratamiento
Liberación de la supraoclusión

hace tanto tiempo como, por ejemplo, en el caso de Viviane, 78 años (ver p. 51).

Pero ¿cómo es posible que el uso de un activador durante la noche y algunos minutos durante la jornada pueda recuperar una función alterada desde hace 78 años, por ejemplo? ¿Y cómo explicar el movimiento de los dientes para liberar esta supraoclusión?

2. La deglución

Annie viene a la consulta sonriente y feliz; es una niña guapa y llena de vida. Su boca es lo contrario de la de Francis (supraoclusión, p. 52). Con los dientes juntos, los incisivos de arriba no tocan a los de abajo (foto 25).

Se llama *mordida abierta*, y en este espacio se coloca la lengua. Esta maloclusion está relacionada con problemas de deglución y de habla, por lo que a veces estos niños cecean.

Como hice con Francis, les explico a los padres y a Annie que estas formas de la boca son incompatibles con una respiración nasal pura y una posición normal de la lengua. Sigo hablando de

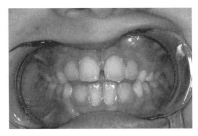 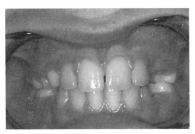

Foto 25: Antes del tratamiento   Foto 26: Después del tratamiento

dificultad de concentración, tendencia a fantasear y fatiga crónica. Los padres se sorprenden, porque Annie tiene problemas de
aprendizaje. Como hizo Sylvain antes (ver p. 36), los padres me
preguntan: «¿Cuál es la relación entre la lengua, la respiración
de nuestra hija, sus dientes y sus dificultades de concentración y
retraso escolar?».

Para que lo comprendan, necesito, como hice con la respiración, explicarles el papel de la deglución en el hombre desde el
nacimiento.

Durante la deglución, el recién nacido ejecuta una contracción
refleja de los labios, y la lengua se apoya contra estos.

Para adquirir una deglución fisiológica adulta (una vez que
han erupcionado todos los dientes de leche), la lengua debe apoyarse contra el paladar y su punta estimula la zona de la papila
retroincisiva (zona muy reflexógena situada detrás de los incisivos
superiores); los labios ya no tienen necesidad de contraerse.

Podéis hacer el ejercicio siguiente: cerrar los dientes, mantener los labios separados y en esta posición, tragar la saliva. Si este
ejercicio resulta difícil de realizar significa que la deglución adulta
no se ha instaurado. Si se mantiene la deglución infantil, la lengua

se extiende de otra forma, ya sea empujando los dientes inferiores hacia adelante o interponiéndose entre los dientes (como le pasa a Annie) y apoyándose en los labios. La lengua no se apoyará por tanto en el paladar para ejercer la presión necesaria.

Otro ejercicio: tragad y tomad conciencia de **la potencia de la lengua** contra la bóveda palatina o contra otra cosa si la deglución no es la correcta.

Tragamos entre 1.500 y 2.000 veces al día, por lo que es fácil imaginar la falta de estimulaciones óseas cuando la lengua no presiona normalmente contra el maxilar superior.

El niño debe adquirir esta deglución hacia los 2 o 3 años (cuando salen los dientes de leche). Si ello no sucede antes de que cumpla 12 años (la edad fatídica en la que se extraen los premolares) serán cerca de 7 millones las estimulaciones no realizadas, que habrían contribuido a «hacer sitio» en un hueso muy maleable en pleno crecimiento.

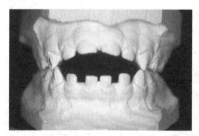 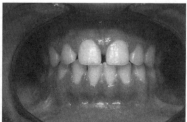

Foto 27: Antes del tratamiento   Foto 28: 7 años después

Sin embargo, podemos observar que sigue habiendo una cierta maleabilidad sea cual sea la edad (ver foto 8 de Bernard, p. 37).

Otro ejemplo de una mordida abierta: niño de 5 años al principio del tratamiento.

3. La fonación

Le explico a Annie y a sus padres que la respiración nasal y la deglución son importantes para la **estimulación ósea de los maxilares** y lo mismo ocurre con la fonación. En efecto, la lengua utiliza los mismos apoyos en el paladar **para la pronunciación de los fonemas y para tragar**. Así pues, cuando hablamos, la lengua va a contribuir a las deformaciones o a la armonización de las arcadas dentarias en función de su colocación.

Entonces, ¿cuál es el rol del activador en la fonación? Por un lado, permite una recuperación de la respiración nasal, con su conjunto de consecuencias; por otro lado, impide que la lengua se coloque entre los dientes y permite una simulación de alineamiento dentario, dando a la lengua la posibilidad de apoyarse correctamente. Produce una relajación de los labios como en una deglución adulta.

El activador permite de hecho un verdadero ejercicio de ortofonía, con la posibilidad de trabajar a nivel inconsciente durante la noche, por lo que está relacionado con el hecho de que las funciones neurovegetativas se producen bajo el nivel de la consciencia, de la misma manera que no es necesario decirle a un bebe que succione, respire, trague y, más tarde, mastique y camine: ya lo sabe.

Nos hemos dado cuenta de que el activador no funcionaba de la misma forma si se lleva por el día (conscientemente) o por la noche (inconscientemente). Todo tratamiento cuyo objetivo sea corregir las disfunciones existentes y se enfoque únicamente a la consciencia no tendrá los resultados esperados.

Después de nueve meses de tratamiento con el activador, la mordida abierta de la boca de Annie se ha cerrado (foto 26, p. 55) y los padres han constatado una mejoría en los resultados escolares de forma paralela a la evolución del tratamiento.

Tanto la lengua (deglución, fonación) como la respiración están íntimamente relacionadas con el estado de ánimo.

A las preguntas que yo me hacía sobre el activador, en vista de las mejorías espectaculares producidas por la respiración nasal reactivada, se añade esta:

¿Cómo es posible que el mismo aparato pueda abrir una mordida (en el caso de sobremordida) y también cerrarla (en el caso de mordida abierta)?

4. La masticación

Sylvain (40 años) es un viejo conocido. Ya lo vimos (fotos 5-6-7, p. 36-37). Como habéis podido constatar, presenta una malformación espectacular: los dientes superiores están cubiertos por los dientes inferiores. Esta patología se denomina *prognatismo* *. Normalmente, el maxilar superior engloba al maxilar inferior.

He aquí su testimonio:

> Desde que tengo uso de razón, soy consciente de que soy diferente, pero a los dentistas a los que he acudido solo les preocupaba la buena higiene dental de mi boca durante todos estos años.
>
> Yo tenía prognatismo, por lo que mi labio inferior era más prominente. De adulto lo he consultado varias veces y siempre me decían, cogiéndome con delicadeza el mentón:
>
> «Cortando la mandíbula aquí y allá, obtendríamos muy buenos resultados.
>
> ¿El riesgo? ¡Mínimo! Como se retira el nervio dentario

inferior, hay algún caso pero extremadamente raro en el que puede quedar ¡una parálisis del labio inferior!».

Con el tiempo, mi respuesta era bien clara: «Gracias, doctor, me lo pensaré».

Era evidente que Sylvain tenía prognatismo, porque su morfología bucal externa era característica: el mentón iba hacia delante. Yo nunca había visto el interior de su boca, así que le describí su temperamento y su forma de funcionar en la vida cotidiana a partir de su boca.

Era una persona muy activa, que no se daba apenas respiro y estaba considerado un eficaz hombre de negocios. De niño podría haber estado clasificado en la categoría de niño hiperactivo, pero en su época no se prestaba tanta atención a esta noción.

Le hice tomar conciencia, entre otras cosas, de la relación existente entre la boca y una tercera función fundamental: la masticación.

«Está intentando decirme que toda mi vida he masticado los alimentos en charnela, es decir, únicamente con los movimientos de apertura y cierre de la mandíbula... De hecho, no mastico y por eso trago enseguida y como muy rápido».

Las dos primeras frases de Sylvain son exactas, pues está comprobado. Sin embargo, tomar al pie de la letra la tercera frase es incorrecto.

No se tragan trozos enteros y se come muy rápido por sufrir esta maloclusión, sino que, como su temperamento le hace funcionar de este modo, la boca se ha desarrollado de esta manera. La boca no hace más que confirmar y revelar la realidad.

La masticación se organiza con la aparición de los dientes,

produciendo una verdaderala metamorfosis de la succión. Es su fase de maduración. Para comprenderla correctamente, os propongo el siguiente ejercicio:

Poned los dientes superiores e inferiores en contacto, con los músculos en reposo y sin forzarlos. A partir de esta posición, deslizad los dientes inferiores suavemente hacia la derecha manteniendo el contacto con los superiores (foto 29).

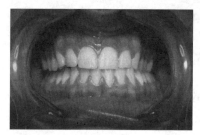 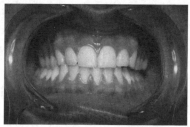

Foto 29: Lateralidad derecha   Foto 30: Lateralidad izquierda

Haced la misma operación, esta vez hacia la izquierda (foto 30). Uno de los criterios que indican que una boca es equilibrada es observar que existe un contacto en todos los dientes superiores e inferiores en el lado al que habéis desplazado vuestra mandíbula (fotos 29 y 30).

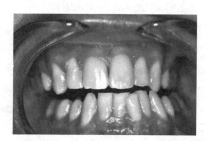

Foto 31: Lateralidad derecha

Por otra parte, en la foto 31, constatamos el contacto en un solo diente en lateralidad izquierda. Esta posición se considera actualmente, de forma equivocada, como fisiológica porque se halla en una gran mayoría de seres humanos.

Cuando masticamos, los alimentos simplemente se interponen entre las arcadas dentarias.

El profesor Pedro Planas nos dice:

«La mandíbula, gracias a su posición, desempeña el papel de mano de mortero que da vueltas en un mortero de material deformable que es el maxilar». De la misma forma que andamos avanzando una pierna detrás de la otra, debemos masticar los alimentos efectuando un número idéntico de movimientos a derecha y a izquierda alternativamente. Imaginémonos los millones de estimulaciones de la mandíbula, para ayudar a desarrollar el maxilar después de la erupción de los dientes de leche (desde los 6 meses hasta los 3 años) y después de la aparición de los dientes definitivos (estimulaciones añadidas a las de la respiración y la lengua).

Volviendo al caso de Sylvain (p. 58), comprendemos mejor por qué su maxilar superior no se desarrolló normalmente. Al adelantar la mandíbula al maxilar superior, este no pudo crecer.

En el día a día, observamos que los pacientes tienen un lado predilecto para la masticación. Es como si anduviéramos toda nuestra vida a la pata coja. Imaginémonos las compensaciones necesarias para efectuar esta proeza. Sucede lo mismo con la boca, y el hombre ha debido adaptarse de otra forma. Pero las repercusiones las encontraremos en otra parte del cuerpo.

Vamos a poner el ejemplo de una persona que mastique solo por la izquierda durante toda su vida, ¿qué observamos?

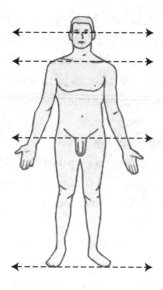

Figura 1

- Una desviación de la mandíbula a la izquierda y del maxilar hacia la derecha.
- Esto entraña tensiones craneanas (que los osteópatas conocen muy bien).
- Aumento del tono muscular de la mitad izquierda de la cabeza. De hecho, si solo comemos de un lado, vamos a muscular más el lado que trabaja; esto produce una inclinación de la cabeza hacia la izquierda debido a la hipertensión muscular.

La postura normal en el ser humano se caracteriza por un paralelismo entre las líneas de los ojos, de los hombros, de las caderas y del suelo.

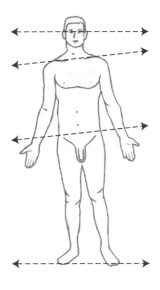

Figura 2

Si esta posición no existe, el hombre deberá compensarlo para tender hacia ese equilibrio. Es siempre el cerebro el que desempeña este papel y da la orden de rectificar la posición de la cabeza. Si esta última se endereza, se produce una tensión de los músculos, o sea, un sufrimiento. Para atenuarlo, el hombro derecho desciende, lo que tendrá como efecto enderezar la cabeza a su posición normal.

Pero si los hombros no están paralelos con el resto (ojos, caderas, suelo), se producirá una inclinación de la cadera para situarse paralela a los hombros. Tendremos un pseudoequilibrio con el paralelismo horizontal de los ojos con el suelo (es fundamental) y el paralelismo de los hombros y de la cadera.

Estamos delante de un sistema tónico postural de compensación (como lo hemos comentado con la respiración bucal). El ser humano va a funcionar toda su vida en esta posición «torcida» si no hace algo para mejorar esta situación.

El ejemplo de David (fotos 14-17, p. 40) es elocuente. Era un niño muy alto para su edad y encorvado de forma significativa. Tenía los hombros hacia delante y una falta de desarrollo de la caja torácica. Esta postura se encuentra sistemáticamente en todos los pacientes que presentan respiración bucal. La rectificación del plan de oclusión se acompaña paralelamente de un enderezamiento espectacular de la columna vertebral y la caja torácica, que consigue una alineación de los hombros. Este joven mide actualmente casi dos metros.

Acabo de describir una consecuencia visible de la masticación unilateral, pero hay otras repercusiones menos evidentes y más insidiosas que podemos observar en primera instancia.

He aquí un ejemplo: cuando hablamos de masticación, pensamos en alimentos. Pero ¿qué es comer?

¡Qué pregunta más curiosa!, todo el mundo sabe que comer quiere decir comer, es alimentarse y es también una función vital. Comer es, en una primera fase, masticar los alimentos que ponemos voluntariamente en la boca.

Pero ¿qué es masticar? Es la primera etapa de la digestión. Por la masticación el hombre va a triturar sus alimentos y a empezar a romper las moléculas grandes y digerir los azúcares.

Pero, me diréis, todo el mundo mastica, ¿cierto?, salvo los que no tienen dientes o no los tienen en cantidad suficiente. Pues no, todo el mundo no mastica.

Para masticar, ya lo hemos visto anteriormente, hay que ejercer movimientos alternativos de lateralidad derecha e izquierda.

Las personas que tienen sobremordida o los que tienen prognatismo* son incapaces de masticar. Efectúan movimientos de apertura y de cierre de la mandíbula. Interponen sus alimentos a la derecha y a la izquierda y utilizan algunos movimientos de cierre, pero insuficientes para preparar el bolo alimenticio. Aplastan, pero no trituran sus alimentos; tragan los trozos enteros.

Pero tienen que alimentarse. Sí, se alimentan, pero no mastican; se saltan la primera etapa de la digestión de los alimentos. Y hemos visto al inicio de esta obra la importancia de la digestión fisiológica.

Les resulta imposible hacer una digestión funcional y eso se verá compensado, como toda función perturbada. Los alimentos no triturados deben serlo para poder ser asimilados (como el aire que pasa por la boca cuando la nariz está tapada), de modo que son el estómago y el intestino los que compensan el trabajo dentario no efectuado. Esto implica una sobrecarga de trabajo para estos órganos.

¿Hasta dónde puede llegar la compensación? Hasta la enfermedad, ya lo hemos visto.

La alimentación está de moda. Tras los múltiples regímenes que se proponen, sucesos como el de las vacas locas, el maíz transgénico, las granjas industriales, los antibióticos, las hormonas y los hidrocultivos ponen a la orden del día la alimentación orgánica.

Pero ¿es suficiente comer alimentos sanos para tener salud? Como acabamos de ver, es indispensable comerlos correctamente.

En el funcionamiento humano, la primera fase de la digestión es la masticación: es la fase bucal en relación con la fase estomacal e intestinal. La conciencia del alimento se sitúa en la boca. En cuanto tragamos, el resto de la digestión se hace de forma inconsciente (excepto en caso de dolor).

En la boca se encuentran todas las papilas gustativas y la retroolfacción. Nos servimos a este nivel de dos órganos de los sentidos: el gusto y el olfato. El gusto percibe solamente lo salado, lo dulce, lo ácido y lo amargo. El olfato, mediante la retroolfacción, permite oler todos los aromas que pasan por la boca.

En el ambiente vinícola, por ejemplo, decimos de un buen degustador que «saborea bien». La degustación del vino (o cualquier otra degustación) es una experiencia iniciática que incita a pararse y a disfrutar… del instante presente, a vivir plenamente el presente.

Tragar los trozos enteros implica saltarse la fase consciente que tiene lugar en la boca: ¿cómo podemos sentir entonces lo que ya hemos tragado?

La boca nos trae el gusto de los olores percibidos antes. Esta mezcla gusto-olor explica por qué alimentos y vinos no dan las mismas sensaciones en la boca y en la nariz. Esta fase bucal es una explosión de placer gratuito y fisiológico que nos podemos conceder si lo decidimos, pero que ocultamos demasiado a menudo.

Cuando tragamos entramos en la fase inconsciente: una vez que el vino se ingiere, la persistencia aromática puede perdurar un tiempo proporcional a la duración de la fase bucal y a la calidad del vino. El ejemplo del vino es también válido para los alimentos.

Con esta nueva aclaración, podemos comprender hasta qué punto una mala masticación nos puede condicionar a comer un tipo de comida en la que la cantidad y la rapidez priman en detrimento del gusto y de la calidad.

Si nos referimos a la noción de «**curarse digiriendo**», estamos delante de esta evidencia: **la masticación CONSCIENTE cualitativa va a desempeñar un papel de una importancia quizá jamás reconocida.**

Comer como un robot obliga al organismo a poner en acción, una vez más, toda una cohorte de compensaciones para hacer la digestión lo mejor posible.

Progresivamente los órganos de la asimilación van a estar desbordados. Las adaptaciones no serán suficientes y se instalará la enfermedad. El amigo (la enfermedad) está allí para decirnos «tu funcionamiento hasta ahora no es correcto. Tienes la elección de despertarte y empezar a hacer cosas para cambiar. También tienes la posibilidad de no modificar nada y, en este caso, estaré siempre allí para decírtelo, como haría cualquier buen amigo».

Nuestros casos clínicos nos permiten decir que las personas cuya boca se equilibra no tienen necesidad de ningún régimen. Sienten de forma precisa lo que les falta y saben tomarse el tiempo para comer, para masticar (las pérdidas de peso son espectaculares); en realidad, es el cuerpo entero el que participa de la masticación y este modo de funcionar tiene evidentemente repercusiones psicológicas.

Volvamos a Sylvain (p. 58). Esto es lo que me escribió algunos meses después de finalizar su tratamiento:

> Yo he sido siempre un poco más «resuelto» que los demás; parece que la gente con mentón prominente son de los que van hacia delante.
>
> Quizá les haga gracia, pero tenía la impresión de que, debido al tratamiento, mi cabeza por dentro se transformaba. Era muy echado para adelante, pero sin reflexionar, y ahora tengo mayor capacidad de análisis. Me sentía diferente; las cosas que me parecían imposibles antes ahora se han vuelto abordables e incluso, fáciles. Ya os he dicho que os haría sonreír.
>
> Si lo volviera a hacer, lo haría igual, y hasta con más ímpetu. Estoy a disposición de todo el que quiera que se lo explique detenidamente.

¡Ojalá que estas líneas hicieran reaccionar a los padres sin esperar a que se resienta la salud de sus hijos! En el ámbito odontológico, en efecto, la dismorfosis de la boca de Sylvain se trata exclusivamente con cirugía maxilofacial; no existen otras alternativas. Y sin embargo, Sylvain no ha sufrido ninguna intervención quirúrgica, ni siquiera una extracción dentaria (fotos 5-6, p. 36).

5. Conclusión

En todos los casos de dismorfosis bucales, hallamos una respiración bucal permanente o temporal, una deglución atípica, una masticación desequilibrada y problemas de fonación más o menos pronunciados y no siempre perceptibles (ligados por otro lado a problemas de dislexia).

Hemos visto que estas funciones, denominadas *neurovegetativas*, se ejecutan de forma inconsciente. No reflexionamos para respirar o tragar. Además, utilizan siempre las mismas estructuras anatómicas. No existe un órgano único para la respiración (el pulmón solo no es suficiente), y lo mismo sucede con la deglución, la masticación y la fonación.

Era lógico y previsible que llegáramos sistemáticamente a la constatación de que cuando una de las funciones está alterada, todas las demás también lo están, en diversos grados. Esto no es ningún descubrimiento; está escrito en todos los libros sobre ortodoncia* desde hace un siglo.

Así, Pierre Fauchard en los años 1700 y Pierre Robin más recientemente, en 1900, relacionaron las dismorfosis bucales y las disfunciones de orden general. Entonces se utilizaba el término *glosoptosis* (caída de la lengua). La glosoptosis* es una patología de la deglución.

Bajo este término, hoy en día poco utilizado, se esconde una serie impresionante de síndromes conocidos: la otitis y los problemas de ORL, la bóveda palatina ojival, el mentón retrognático o de «besugo», la tuberculosis, la aerofagia, el gorgoteo, el estreñimiento, la acrocianosis*, los sabañones, las cefaleas, las pesadillas, los adenoides*, la respiración bucal, la irregularidad de los maxilares y de los dientes, los ganglios del cuello, la espalda encorvada, la escoliosis frecuente, el raquitismo, la gastroenteritis, las manos en pronación*, los pies planos, el nerviosismo, la fatiga, la lentitud o la agitación, el retraso al caminar y al hablar, la predisposición alérgica, las enfermedades de la piel, el sueño agitado, los ronquidos, la ansiedad, la emotividad…

Si es evidente que nadie reúne la totalidad de estas enfermedades (o sucede en casos excepcionales), no es menos cierto que, en todos los pacientes que presentan dismorfosis dentales, varios de estos signos aparecen de forma más o menos marcada.

Numerosos investigadores de todo el mundo han estudiado este tema (Heyberguer, Planas, Macary *et al.*[7], etc.). La conclusión recurrente del conjunto de estos trabajos es que «cuando una boca no funciona, encontramos sistemáticamente disfunciones neurovegetativas asociadas».

El profesor Besombes había encontrado incluso una cita de Hipócrates (*Tratado de las epidemias*, libro VI 1, 2): «Entre los dolicocéfalos*, unos tienen el cuello vigoroso y son fuertes tanto en su esqueleto óseo como en el resto del cuerpo y los otros son propensos a la cefaleas* y a las otorreas*; estos últimos tienen la bóveda palatina* ojival y los dientes apiñados».

Esta cita sorprendente constituye el testimonio más antiguo escrito sobre la ortodoncia. Las anomalías de los dientes se relacionan con la arquitectura del cráneo, con la forma de la bóveda

palatina y con los síntomas característicos de los adenoidianos *
que respiran por la boca (A. Besombes, 1962).

Esto se observó desde la Antigüedad y ha perdurado hasta
nuestros días. Si Sylvain me hubiera preguntado «si la ciencia lo
sabe, ¿por qué no se toma en consideración?», nunca habría podido contestarle, pero como yo lo había observado, necesitaba
encontrar un tratamiento que me permitiera recuperar todas las
funciones neurovegetativas. Y es **el activador el que me había
aportado las primeras respuestas.** Porque las bocas se regula-
rizaban al instaurar una respiración nasal, una deglución y una
fonación fisiológicas y una masticación armoniosa.

Y yo estaba en esta etapa de mis búsquedas.

Fuera cual fuese su edad, todas las personas que he nombra-
do tenían un punto en común. Habían utilizado únicamente el

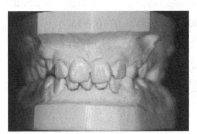
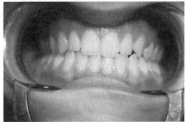

Foto 32: Antes del tratamiento   Foto 33: Algunos años después

activador para tratar las diferentes malposiciones visibles en sus
bocas.

Cada vez estaba más maravillado por los resultados clínicos
que lograba este tratamiento, pero aún no lo había visto todo. En
efecto, iba a constatar también que estas mejorías bucales en mis
pacientes se acompañaban de una modificación en su forma de
entender la vida.

He aquí un ejemplo, el testimonio de Julia (19 años). Empecé el tratamiento con el activador plurifuncional en 1993, a la edad de 14 años. Vivía tiranizada por dolores muy fuertes en la nuca: tenía un canino que no salía; de hecho, el canino superior izquierdo estaba bloqueado en el hueso y mi vida era mucho más de los demás que mía.

Era rebelde y me oponía a mis padres, la escuela y más o menos todo lo que concernía el mundo de los adultos.

Me doy cuenta ahora de que vivía a través de las ideas, proyectos y gustos de los demás. Era innovadora y creativa, pero me dejaba llevar por una vida que no había surgido precisamente de mi propia elección. Era transparente. No era realmente yo misma y, por otro lado, ignoraba hasta la existencia de este concepto que no tenía ninguna importancia para mí. Después, con el tratamiento y el paso de los años, experimenté grandes cambios sin realmente asociarlos con este trozo de goma, que llevaba todas las noches y mal durante el día. Sentía menos necesidad de llamar la atención y de recibir halagos gratificantes que adularan mi ego falto de amor. Me pregunto a menudo cómo hubiera sido si no hubiese integrado el activador en mi vida. Me siento cada vez más independiente y fuerte, en el sentido de que mis elecciones son el fruto de mis creaciones; soy responsable de mi vida y me siento maravillosamente bien conmigo misma; aunque todavía necesite palabras de reconocimiento, ahora sé que ya no son necesarias. No es fácil comparar el antes y el después, porque tengo la impresión de que siempre he sido como ahora, solo que esta Julie de ahora estaba escondida en la profundidad, en la posibilidad, y preparada para pasar a la acción, pero bloqueada y atrapada por un montón de tonterías y de pensamientos tóxicos que después he enviado muy lejos.

Hoy en día estoy presente en mi cuerpo, al que amo y escucho con mucha atención; esta fuerza que me acompaña es la más bella prueba de amor que nunca haya recibido de nadie que no sea yo y hoy estoy orgullosa de mí, de esta persona que existe y que se llama JULIE.

Pero ¿cómo puede dar estos resultados utilizar un aparato de caucho?

Antes de responder a esta pregunta es importante definir la noción de boca equilibrada.

II. LA BOCA EQUILIBRADA

1. La visión odontológica clásica

— *El malestar ante las extracciones de dientes sanos*

Durante años, y aplicándome mucho, he puesto en práctica todo lo que me enseñaron. Pero a la vez, como ya os he comentado, me sentía cada vez más incómodo con ciertas prácticas como la extracción de los premolares sanos en niños de unos doce años, bajo el pretexto de una falta de espacio, o la de las muelas del juicio, que se ha convertido en una intervención casi sistemática. Era especialmente doloroso y yo no tenía ni el esbozo de una respuesta para algo así. Fuera cual fuera la causa, el diagnóstico que llevaba a estas extracciones carecía de sentido.

Para justificar estas extracciones dentarias, nos ateníamos a los hechos: «No tienen espacio», «van a provocar apiñamiento» o «es un factor de riesgo de recidiva después de un tratamiento de ortodoncia». Pero esto me dejaba profundamente insatisfecho, porque ninguna de estas razones me daba verdaderas explicaciones a los problemas que encontraba.

— Hechos que nos llaman la atención

Actualmente nadie puede negar la amplitud del fenómeno de las malformaciones bucales que nos confirma la ARPEA (Asociación para la Investigación y la Publicación de Estudios Arqueológicos Val-de-Marnaises), organizadora de un simposio del 26 al 28 de mayo de 1999. Antropólogos, médicos y paleontólogos se preguntaban por el alto «porcentaje de disarmonías causadas por el crecimiento». Una cifra me llamo la atención: el 70 % de la población infantil francesa presenta irregularidades de crecimiento de clase II*: cuando el maxilar superior avanza con respecto a la mandíbula, como en Bernard (fotos 8-9-10, p. 37-38). Se llama también *prognatismo superior*, a diferencia del prognatismo inferior que presenta Sylvain (fotos 5-6-7, p. 36-37).

Si añadimos a esta clase II* todas las demás disarmonías asociadas, como la sobremordida por ejemplo, llegamos tranquilamente al 100 %.

Pero ¿por qué tantas malformaciones? ¿Hay bocas equilibradas? ¿Cómo quedarse indiferentes ante una patología que afecta a casi la totalidad de los niños de Francia (que después serán adultos)? Sin embargo, no noto que haya más interés por la causa de este problema que por estas otras cuestiones:

- ¿Por qué la lengua casi nunca se posiciona de forma fisiológica (pegada al paladar) y se sitúa en posición más o menos baja, lo que produce alteraciones múltiples en el cuerpo? (glosoptosis)*.

- ¿Por qué se producen tantas caries? ¿Es inevitable que se estropeen los dientes?
- ¿Por qué tantas prótesis? La comunidad odontológica está orgullosa de sus progresos técnicos, pero ¿es inevitable tener que ponerse prótesis?
- ¿Es inevitable perder los dientes por las caries o por problemas periodontales?
- ¿Por qué en un mismo ser humano la superficie de sus huesos no corresponde al grosor de sus dientes? En efecto, ¿cómo es posible que el hombre no pueda desarrollar su propio hueso para que quepan todos los dientes sin ningún problema?

He aquí algunas de las respuestas que oí y que nunca me convencieron:

- Los maxilares no se desarrollarán suficientemente porque solo masticamos alimentos blandos. Y sin embargo también existen alimentos duros.
- Otros dicen que esta falta de espacio se debe a que los niños no han recibido lactancia materna.

Me parece esencial detenerme un instante en este tema:

- La lactancia materna es fundamental para el desarrollo del recién nacido. Es la única garantía de que tenga una respiración nasal perfecta, mientras que el biberón no incita al bebé a esta respiración. Por el contrario, si el flujo de leche es demasiado importante, iniciará la respiración bucal. Recordad la pregunta que nos hicimos (ver p. 50): «¿Por qué extraña alquimia ha transformado la humanidad a unos bebés que tenían respiración nasal en adultos con respiración bucal?».

Además, las fuerzas utilizadas por el bebé para succionar el pecho son estimulaciones indispensables para el crecimiento de los maxilares y el desarrollo de toda la musculatura lingual, labial y yugal. Un lactante no se duerme con el seno en la boca porque está saciado, sino que se adormece porque está cansado.

Todos los estudios muestran la importancia de la lactancia materna. No hace falta decir nada sobre ella. Pero ¿es su ausencia, entonces, la única razón para la falta de espacio en la boca?

Como he visto a menudo niños que tomaron el pecho y que tienen igualmente problemas dentarios, sé que la **verdadera** razón está por encima de eso. No es el acto, llamémoslo «técnico-mecánico» en el caso de la lactancia artificial, ni la calidad de la leche animal, lo que constituye la verdadera fuente del problema. Estos son factores añadidos.

Lo más importante es el estado de ánimo, el estado de bienestar de la madre y de su entorno.

Cuando la mamá da el pecho estando estresada o no estando «presente» (con la cabeza en otro sitio), es este estado el que transmite al bebé a través de la leche. Pero para no responsabilizar injustamente a las madres, hay que añadir que la lactancia debe ser un momento privilegiado de la pareja, en el que la madre y el padre deben estar muy relajados.

– Constato también cada vez más muelas del juicio bloqueadas en el hueso. Algunos deducen que se debe a una modificación evolutiva. Nosotros pensamos que el número de nuestros dientes tiende a disminuir, lo que explicaría el apiñamiento dentario. El hueso se retrae con demasiada rapidez. Esto formaría parte de la evolución de la especie humana, que no tendría necesidad de tener colmillos para alimentarse... la prueba está en que cada vez hay más agenesias *. La naturaleza hace bien las cosas reduciendo el número de dientes, porque los maxilares son más pequeños. ¡Pero ya podría la naturaleza haber reducido el tamaño de los dientes al mismo tiempo que disminuía la talla de los maxilares!

– Otros piensan en la herencia y en la genética para explicar la falta de armonía. Heredaríamos, por ejemplo, dientes grandes del padre y maxilares pequeños de la madre. ¿Por qué no?

Esta es la enseñanza que recibí. No estaba convencido, pero no tenía pruebas para oponerme o ponerla en cuestión.

Hasta el día en que a mi hijo Claude se le alinearon los dientes sin ninguna extracción, gracias a un trocito de caucho considerado por esta misma ciencia como ineficaz. Esto podría ser la famosa «excepción que confirma la regla», salvo que... los otros pacientes vinieron a confirmar que **la excepción se transforma en la regla**.

Cuando la excepción se convierte en la regla, nos hallamos de hecho en presencia de una ley de la naturaleza. La regla la establece el hombre, mientras que la ley de la naturaleza es universal y reproductible.

Estas hipótesis científicas sobre la herencia no me habían convencido nunca, porque había otros signos preocupantes. En todos los casos de dismorfosis bucales, encontramos asociadas sistemáticamente una respiración bucal, una deglución atípica y una masticación desequilibrada. Habría también entonces genes de la mala respiración, de la deglución, etc., transmitidos por la herencia.

Esto no tenía sentido, pero no tenía respuestas a mis suposiciones. Además, yo sabía que la extracción de ciertos dientes no garantizaría ni el alineamiento de los demás dientes ni el éxito del tratamiento de ortodoncia.

Así pues, en las Jornadas del Colegio Europeo de Ortodoncia[8] del 11 y 12 de noviembre de 1995 en París que tenían por tema «La estabilidad ortodóncica» se sucedieron eminentes compañeros que presentaron sus resultados en ese sentido. La conclusión de este encuentro internacional fue la siguiente: «Un tercio de los casos es estable después del tratamiento ortodóncico y dos tercios recidivan».

A la pregunta de «¿hay que tratar un pequeño apiñamiento dentario, sabiendo que puede recidivar?», la respuesta que se dio fue la siguiente: «El problema es que no se conoce el porcentaje de recidivas ni quien recidivará».

Estas observaciones datan de 1995 y pueden reproducirse palabra por palabra en 2007.

Los resultados obtenidos por mis pacientes (y los de todos los compañeros que nos siguen) me han abierto una nueva vía de investigación. En efecto, no se trataba de casos aislados que reaccionaban particularmente bien a un tratamiento original. Los resultados, en todos estos pacientes que siguieron el tratamiento, parecían responder a una misma ley, que se definía con un poco más de precisión cada día. Estos resultados me han permitido por fin observar los problemas dentarios de una forma más global y más científica.

— *¿Nos estamos haciendo las preguntas correctas?*

Ante el aumento de soluciones propuestas que solo se ven superadas por el incremento de los problemas, sigo haciéndome preguntas: ¿no habría que proponer otra forma de pensar? ¿Otra forma de entender estas situaciones?

Ante un problema dado, nos hacemos siempre las mismas preguntas:

¿Cómo resolverlo? ¿Cómo curar la caries, hacer una prótesis? ¿Cómo sacar un diente o enderezarlo? ¿Cómo curar una enfermedad mental? ¿Cómo reducir el agujero de la Seguridad Social? ¿Cómo ayudar a los países pobres? Cómo, cómo, cómo...

Ninguna respuesta a estas preguntas es satisfactoria. ¿Por qué? Porque no nos hacemos la pregunta correcta. Una pregunta falsa induce a una respuesta falsa. Responder al cómo es quedarse bloqueado intelectualmente.

La pregunta correcta es, a mi entender, «¿por qué?». No ¿por qué el activador trata las dismorfosis o maloclusiones? Sino ¿por qué existen las dismorfosis?

Respondiendo a este *por qué*, nos damos la posibilidad de acceder a una medicina basada en la cultura médica, el verdadero conocimiento. La respuesta al *por qué* proporciona un diagnóstico que incluye el tratamiento. Hablamos aquí del verdadero porqué. Es el que llega hasta el origen y la esencia misma del problema.

De este *¿por qué?* podemos llegar al *¿para qué?*. ¿Ejemplos?:

¿El hecho de sedar a un niño nos da la explicación de por qué llora?

El hecho de hacer un empaste (acción necesaria, por supuesto) no dice «¿por qué existe esta caries»?

El hecho de hacer extracciones no nos da la respuesta a la pregunta de «¿por qué falta espacio?» No, solo se soluciona un síntoma visible.

Por otro lado, responder a «¿por qué existe una falta de espacio?» nos va a evitar extracciones inútiles o nos dirigirá hacia el verdadero tratamiento de curación. Solo una pregunta correcta genera una respuesta correcta.

2. El equilibrio bucal: otra vision de la boca

Los trabajos del profesor Pedro Planas de Barcelona, estomatólogo, profesor de odontología, fundador de la Sociedad Española de Ortodoncia, me han sido de gran ayuda para poner en práctica una nueva forma de valorar la boca. Era un adepto de la «regla de los tres *por qués*».

Para el primer *por qué*, decía, nosotros tenemos siempre una respuesta única, la que nos han enseñado.

Para el segundo *por qué*, nos hace falta empezar a reflexionar, pero nuestras creencias prevalecen y volvemos a encontrar una respuesta estándar.

Es en el tercer *por qué* en el que accedemos a la esencia misma de la cuestión; ya no existe ninguna respuesta preestablecida. En este instante empieza la investigación.

Fue en 1990 cuando conocí al profesor Planas y a sus afirmaciones revolucionarias con respecto a la enseñanza odontológica reconocida.

Me desplacé a Barcelona con gran entusiasmo para estudiar esos datos tan inquietantes. Yo sospechaba erróneamente que esta noción de equilibrio bucal de la que hablaba me permitiría obtener por fin respuestas a las preguntas que quedaban sin resolver con respecto al origen de los desórdenes dentarios y que recibiría una nueva explicación sobre ellos.

Para Planas las recidivas ortodónticas provienen simplemente de un problema de equilibrio bucal.

— Una boca equilibrada

Pero ¿qué es una boca equilibrada?

Son observaciones clínicas sistemáticas las que me permiten confirmar el punto de vista de Pedro Planas, que altera todo lo aprendido anteriormente. Desarrollaré solamente tres de las leyes de Planas.

El ángulo funcional masticatorio de Planas o AFMP

De todos los elementos de análisis que tenemos en una primera visita, la visión de este ángulo nos permite, entre otras cosas, saber de qué lado comemos de forma instintiva, obligatoria y NEUROLÓGICA.

Pero si queréis también hacer esta primera prueba, poneos un chicle en la boca y observad a qué lado se va de inmediato. Si va hacia la derecha, es que el AFMP es más pequeño a la derecha, y al contrario si va hacia la izquierda. Evidentemente, si os duele una muela o si os han sacado un diente del lado derecho hace poco, evitaréis ese lado y masticaréis con el izquierdo, pero este fenómeno será puntual.

Así, este AFMP permite saber de qué lado comemos, de qué lado «funcionamos», porque casi siempre existe un lado que usamos más. Es raro que los movimientos de masticación tengan rotación bilateral, es decir, que los AFMP sean iguales. Sin embargo, este es uno de los signos de una boca equilibrada.

El contacto de todos los dientes en el lado de la masticación

Otro indicio de una boca funcional es la observación del contacto que mantienen los dientes en el lado en que masticamos (fotos 29 y 30, p. 60) (este contacto no debe acompañarse de un desgaste importante de la dentadura, porque este desgaste sería el signo de otro desequilibrio). Desafortunadamente, esto no es lo habitual y constatamos con más frecuencia contactos en uno o dos dientes, como en la foto 31 (p. 60). En este caso preciso observamos una masticación «en charnela», es decir, movimientos de apertura y cierre de la boca. La persona experimenta grandes dificultades para efectuar los movimientos de lateralidad necesarios para la masticación fisiológica.

Mandíbula cuadrada

La mandíbula es cuadrada cuando los incisivos inferiores están en la misma línea (foto 34).

Esta forma cuadrada de la mandíbula es una de las condiciones básicas de una boca equilibrada. En el plano funcional y anatómico, los AFMP solo pueden ser iguales (y funcionales) si la mandíbula es cuadrada.

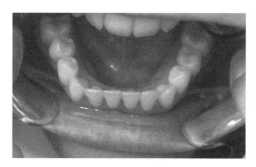

Foto 34

81

Esta forma cuadrada de la mandíbula es el signo de una fuerza extraordinaria (fuerza física y sobre todo fuerza interior): esta gente nunca tira la toalla, o no lo harán al menos durante mucho tiempo, pero ¿cuál es la posición de esta mandíbula en relación con el maxilar?

En el caso de una sobremordida, el maxilar superior bloquea la mandíbula. Si no se hace nada para desbloquearla, la persona sentirá que hay un conflicto entre el potencial que ella presenta y su impotencia para concretarlo. Así, la mandíbula cuadrada es un elemento esencial pero no suficiente. Es importante que esté en armonía con el maxilar para que los AFPM sean iguales y los contactos dentarios sean omnipresentes en cuando a lateralidad.

A medida que avanzan los tratamientos, nuestras observaciones clínicas han confirmado sistemáticamente la armonización de las bocas según las teorías del profesor Planas. Esta búsqueda del equilibrio bucal coincidía con el bienestar que refería el paciente.

— Visualización de la boca equilibrada

Es una noción fundamental. Insistimos mucho, en los seminarios para profesionales que organizamos, en la visualización de la boca equilibrada. Es necesario que cada dentista aprenda a extrapolar la boca en equilibrio tras las dismorfosis observadas en la primera consulta. Esto permite obtener los objetivos esperados al final del tratamiento y tener constantemente en el punto de mira la armonía del ser equilibrado.

— La noción de la dimensión vertical

Los trabajos del profesor Planas representan una referencia en el tratamiento que proponemos, porque su visión del equilibrio bucal queda confirmada siempre por la experiencia. Así pues, añadimos una ley para complementar las del profesor Planas, y es la noción de otra dimensión vertical.

Las sucesivas observaciones clínicas me han llevado a adoptar un punto de vista diferente del expresado por el profesor Planas sobre esta noción de dimensión vertical.

Esta es la pieza clave del equilibrio bucal; representa el tercio inferior de la cara y la describiré en la cuarta parte del libro.

III. TAN VIVO A LOS 90 COMO A LOS 20 AÑOS

La historia se acabaría aquí si los pacientes no hubieran, una vez más, picado mi curiosidad. Más allá de la armonización de la boca, asistía a curaciones osteopáticas espectaculares. En efecto, estos pacientes veían desaparecer sus dolores cervicales, dorsales, lumbares o articulares (ver en el anexo II las observaciones hechas por un podólogo, Pascal Chenut).

En el mismo orden de ideas, he observado la desaparición de dolores de cabeza, migrañas agudas y oftálmicas.

Con las distintas consultas, con los encuentros entre nosotros, hemos verificado todo lo que nuestros predecesores habían observado en la glosoptosis *.

Las constataciones clínicas reiteradas me han llevado a poder afirmar lo siguiente:

- Por ejemplo, en los casos de escoliosis siempre hay un problema de deglución patológica (pero no en todas las deglucions patológicas existe una escoliosis).
- Si la lengua no se sitúa en el lugar correcto, se percibe un desequilibrio bucal.
- En lo que respecta al dolor de espalda, hay una relación sistemática entre boca y postura (esto lo hemos visto en el capítulo de la masticación).

Podemos plantearnos un interrogante: en los casos de escoliosis y de mala postura (los dolores de espalda afectan a la gran mayoría de la población) ¿cómo podemos pensar en curar esas patologías sin ocuparnos paralelamente del equilibrio bucal?

En el transcurso de mis observaciones, las relaciones entre la boca y el cuerpo físico eran sistemáticas y reproducibles al 100%. Las mejorías corporales en todos los aspectos se acompañaban siempre de un bienestar psíquico, donde se generalizaba la desaparición de pesadillas, un sueño más tranquilo y una disminución del estrés y de la angustia.

Pero no podía explicar todos estos resultados por la sola acción de un aparato de caucho. En este momento de mi recorrido solo podía decir: «Siempre que hablamos de enderezamiento de los dientes y de ortopedia dentofacial *, considerando solo los dientes, el hueso y las funciones neurovegetativas, ¿nos encontraremos siguiendo una falsa pista? ¿O será que nos detenemos demasiado pronto o demasiado rápido?

Los dientes bien alineados son el reflejo de un hueso bien estructurado, de una armonía muscular, y esta es consecuencia del buen funcionamiento de las funciones neurovegetativas. Era evidente que, para enderezar los dientes, el trabajo debía centrarse en la recuperación de **todas** las funciones neurovegetativas. Esto no es nuevo; lo saben todos los dentistas desde hace un siglo. Pero no todos los tratamientos de ortodoncia respetan estas premisas. Con las técnicas científicas actuales no obtenemos el restablecimiento de todas las funciones neurovegetativas porque no hacemos las preguntas correctas.

¿Por qué habrían de ser las funciones neurovegetativas **la causa real** del desequilibrio bucal? Es cierto que están bajo la dependencia del cerebro y ya hemos visto que el cerebro siempre compensa las carencias. Si queremos comprenderlo busquemos pues en el cerebro y de manera más general en la función neurológica del ser humano.

En la primera visita de Bertrand (40 años), estoy más de una hora con él. En un momento dado, exclama: «¡No puedo más!». Veo su angustia, como en todas las personas depresivas.

«Estoy mal de los nervios desde hace mucho tiempo».

Esta reflexión es recurrente en este tipo de patologías.

Aquí está lo que me ha escrito Bertrand después de un año de tratamiento:

Pronto hará un año que utilizo este aparato dos veces al día; tengo que decir que me va bien. No sé por qué, pero el resultado es evidente.

Volvamos hacia atrás, a cuando vine por primera vez a la consulta. Yo era muy escéptico sobre los efectos de este trozo de caucho. Me encontraba en un estado deplorable, depresivo, con problemas de obsesión, dolores en las cervicales, zumbidos en los oídos. Cuando llegaba el fin de semana no salía de mi habitación. De médico en médico, tomando ansiolíticos y antidepresivos, buscaba la causa de mi malestar. Estaba convencido de que era física. Ahora, pensándolo, me doy cuenta de que estaba equivocado.

Bertrand me suscitaba nuevas preguntas: ¿por qué es más frecuente la tristeza que la alegría? ¿En qué momento empieza una depresión? Podríamos decir: cuando estamos al borde del suicidio o cuando en ciertos momentos pensamos negativamente, no tenemos moral, lo vemos todo negro.

Si analizamos el funcionamiento humano, constatamos que la mayoría de nosotros vive con altibajos. Todo esto se considera como normal. Al cabo del tiempo los momentos altos pueden atenuarse porque aumentan los momentos bajos, que van siendo cada vez más frecuentes. Si estos se cronifican, caemos en una depresión. Francia es uno de los países donde se consumen más medicamentos antidepresivos. La depresión ha aumentado de forma exponencial en treinta años (E. Zarifian [19]).

Para comprender mejor este mecanismo vamos a pararnos un instante en esta maravilla que es el ser humano.

1. Funcionamiento neurológico del hombre

Durante nueve meses, en el útero materno, el feto debe aprovechar este corto y único periodo para llevar a cabo un trabajo intenso: multiplicar por millones sus células nerviosas, las cuales van a conectarse entre ellas por la intermediación de las sinapsis. Gracias a estas sinapsis*, las neuronas* van a tejer una red eléctrica maravillosa que recorrerá el cuerpo.

En el nacimiento, algunos circuitos serán abandonados; otros, activados y otros, creados con todas las piezas. Una gran parte de ellos, en estado latente, queda de reserva.

En un gatito de ocho días, una neurona recibe informaciones a través de múltiples centenares de sinapsis *. Un mes más tarde, tiene más o menos trece mil.

Un gato abandonado de pequeño es capaz de valerse por sí mismo. Sin embargo, un recién nacido lo tiene todo o casi todo por aprender. Esto se hace a través de la multiplicación sináptica, que depende de la cantidad y sobre todo de la calidad de los estímulos relacionados con la percepción sensitiva de su entorno. Pero ¿cuáles son estas percepciones?

Mientras yo estaba con mis reflexiones, la suerte hizo que se cruzara en mi vida una ortofonista brasileña: Beatriz Padovan. Era maestra y se encontraba con casos de niños con problemas, por lo que comprendió que estaba en la frontera existente entre la pedagogía y la terapia. Después, siguió una formación de ortofonía y logopedia en la Universidad de São Paulo. Trabajando en Europa se dio cuenta de los límites de la ortofonía contemporánea.

No contenta con sus fracasos, B. Padovan se sintió atraída por los trabajos de Rudolf Steiner [17,18] y en particular por una de sus conferencias, titulada «Andar, hablar, pensar».

Para R. Steiner, el proceso evolutivo de la marcha prepara los recorridos neurológicos del lenguaje, que a su vez influye en la elaboración del pensamiento. Estas tres actividades entrañan la maduración del sistema nervioso del hombre.

Los tres procesos se intercalan, pero hay predominancia de la marcha en una primera fase; después, de la palabra y para terminar, del pensamiento. Si hay una laguna en una de estas etapas, la encontraremos de nuevo en las otras.

Podemos confirmar estos propósitos por la simple observación, que nos muestra que el hombre adquiere la marcha entre 0 y 1 año; después, la palabra hacia los 2 años y suponemos que empieza a pensar hacia los 3 años, cuando puede decir «yo».

Son actividades que se funden en la naturaleza humana propiamente dicha, cuyo germen está presente desde el nacimiento y que se desarrollan y maduran gracias a los impulsos del propio organismo. Sabemos que la marcha en posición vertical, la comunicación oral y la capacidad de desarrollar pensamientos personales o la comprensión del pensamiento nos diferencia de los animales. La importancia de estas actividades para el ser humano es conocida de todos. Pero que entre andar, hablar y pensar existe una relación y también una interdependencia recíproca lo sabe poca gente (Beatriz Padovan[10]).

Los trabajos de B. Padovan[11] han mostrado que:

- La causa de los problemas en la fase de **hablar** se producen, de hecho, en el estadio precedente, el del **andar**.
- Para obtener una eficacia real con el tratamiento, el ortofonista (que por definición está dirigido hacia el **hablar**) debe primero trabajar el **andar** por medio de un protocolo que ha puesto en marcha un neurocirujano americano, Temple Fay.

Este investigador viajó por todo el mundo para filmar a niños de todos los continentes, civilizaciones y etnias que estaban aprendiendo a andar. Se dio cuenta de que todos los niños, del norte al sur, del este al oeste, realizan los mismos movimientos: era como si reprodujesen un modelo, un patrón para pasar de la horizontalidad de la cuna a la verticalidad de la marcha. Catalogó estos movimientos en su sucesión y su desarrollo, describió un esquema de desarrollo universal donde cada fase preparaba la siguiente y estableció un tratamiento.

Resumamos el conjunto de sus constataciones:

El niño que acaba de nacer, estirado en su cuna, hace movimientos, pero no se da la vuelta.

Boca abajo, la primera posición utilizada es homolateral y dobla espontáneamente el brazo y la pierna del mismo lado.

Cuando el niño quiere cambiar de lado, la cabeza gira con el cambio de brazos o piernas (igual a la derecha que a la izquierda).

Al cabo de cierto tiempo, el bebé dobla el brazo y la pierna opuestos, y la cabeza mira hacia el brazo doblado. Es el patrón cruzado o contralateral.

El estadio siguiente es rodar, que es el primer movimiento de desplazamiento.

Después, el niño empieza a arrastrarse, primero de un lado, derecho o izquierdo.

Esta fase, repetida durante un cierto tiempo, da lugar al arrastre cruzado. En este instante los dos brazos se repliegan hacia adelante y se apoyan alternativamente con el pie opuesto.

El niño se levanta un poco y entra enseguida en la fase de ir a gatas sobre las rodillas. Progresivamente levanta las rodillas y se encuentra a cuatro patas sobre los pies. Utiliza esta fase llamada *marcha del macaco* más o menos tiempo.

Después pasa al estadio de mantenimiento sobre los pies. Libera sus manos, que están disponibles para explorar un nuevo entorno y coger nuevos objetos.

Todas estas etapas estimulan al niño hacia la posición erguida. Practica un cierto tiempo la transición de estar en cuclillas a ponerse en posición vertical, antes de atreverse a avanzar un paso.

La marcha del niño se llama *marcha libre*. Sus brazos están en el aire, independientes del movimiento de las piernas.

Hacia los tres años, los brazos y las piernas se coordinan para dar lugar a la marcha cruzada. Alternativamente avanza la pierna derecha y el brazo izquierdo y después la pierna izquierda y el brazo derecho.

Todos los movimientos ejecutados por el hombre desde el nacimiento hasta su primer paso son la imagen exacta de la evolución de las especies animales (filogénesis). El ser humano recapitula toda esta evolución en un año más o menos. A diferencia de los animales, que se quedan «congelados» en el nivel de su especie, el hombre atraviesa toda esta maduración. Cada etapa del andar está relacionada con el nivel de desarrollo neurológico que corresponde a la integración de una especie animal. Por ejemplo: El arrastrarse homolateralmente tiene que ver con los anfibios y la protuberancia anular; el arrastrarse cruzado, con los cocodrilos y el mesencéfalo; la marcha a gatas, con el macaco y el córtex arcaico. Es la marcha cruzada la que va a estimular el neocórtex correspondiente a nuestro cerebro actual. Gracias a este último estadio, aparece la percepción fina en el hombre, el único ser vivo que tiene acceso a ella.

(Todos estos términos corresponden a las partes del cerebro que marcan la evolución de este hasta el cerebro humano actual).

En la fase del **andar,** cada posición estimula el sistema nervioso, partiendo del más arcaico (la medula espinal) al más reciente, el neocórtex. La neurología nos confirma que la ontogénesis (evolución del hombre) está verdaderamente calcada de la filogénesis. Las relaciones homolaterales son las más arcaicas y las relaciones cruzadas son las más recientes. Estas últimas permiten el acceso a los movimientos finos, que son los movimientos más difíciles de recuperar tras sufrir accidentes neurológicos.

Todo movimiento constituye la etapa de maduración previa para el siguiente y estimula el sistema nervioso. Por ejemplo, cuando un niño juega al Lego, pensamos que lo consigue porque es inteligente. De acuerdo con este nuevo enfoque, decimos que es el deseo, la voluntad, la perseverancia y la repetición para hacer el gesto lo que alimenta y construye su inteligencia.

La inteligencia está en la punta de los dedos. Se inicia por el cuerpo.

Es imperativo dejar que el niño se equivoque y vuelva a comenzar hasta que le salga bien. Anticiparse a sus gestos y a sus movimientos puede tener consecuencias negativas, insospechadas, en su desarrollo futuro. Ayudarle a que se levante, a andar más rápidamente y saltarse la etapa de ir a gatas, por ejemplo, utilizando un taka-taka, son obstáculos para su maduración psicológica.

La acción estimula la voluntad y construye la inteligencia.

Todo lo que sentimos, escuchamos, aprendemos, experimentamos, todo lo que vivimos como experiencias corporales o sensoriales tiene una influencia en el desarrollo de nuestro cerebro y, por lo tanto, en el equilibrio de la boca cuando salen los dientes.

El hombre crece y se desarrolla con el contacto de los hombres. Nuestros órganos de los sentidos, inmaduros en el nacimiento, van a madurar en función de las percepciones que reciban. Esto durará toda la vida. Es mediante el juego como el niño madura en el plano psicomotor, emocional, imaginario, sensorial y espiritual. Cuando un niño juega en serio, puede presagiarse que será una persona seria en la vida (Dr. J. Berron)[1].

Medimos a través de esta descripción la importancia para el ser humano de la realización perfecta de todos estos movimientos y el aprendizaje sin error en la fase del **andar**, lo que permite acceder a la cantidad y a la calidad de las percepciones sensitivas.

Por otro lado, podemos imaginar los déficits de maduración neurológica y los sistemas de compensación que el hombre debe poner en marcha cuando algunas fases no se han completado.

2. Andar, Hablar, Pensar

Segura de su punto de vista, B. Padovan elaboró un tratamiento adaptado a las nociones de **andar, hablar** y **pensar**. Sin embargo, podemos hacer una reflexión: ¡todo el mundo anda, habla y piensa! Entonces, ¿qué podemos entender por *andar- hablar- pensar*?

— Andar

Hablarle, escucharle, cantarle canciones, sentirle, explicarle historias, acariciarle, mirarle, tocarle, acariciarle más y más. Dejarle todo el espacio para que pueda desplazarse, rodar, arrastrarse, ir a gatas. Todo el espacio para descubrir el mundo, su mundo. Verlo levantarse y caer, volver a levantarse, dudar. Y un día, verlo dar un paso delante del otro en un esfuerzo increíble de deseo, de voluntad. Caerse de nuevo, estar orgulloso y feliz, volver a levantarse... y andar.

Todo este entorno afectivo desarrolla los estímulos neurosensoriales que llevan al niño a ponerse de pie y andar.

Para R. Steiner: «Se trata de instalarse en equilibrio en el mundo y andar no es más que el aspecto más visible de un proceso mucho más amplio».

— *Hablar*

Las primeras comunicaciones del niño se expresan por el gesto (el mimo es una buena demostración).

«La palabra proviene del conjunto de la organización motriz del hombre. Al principio, mientras el niño aprende a hablar, empieza a hacerlo por gestos. El conjunto del cuerpo está ocupado por la palabra» (R. Steiner).

Llevado por una necesidad interior de movimiento, el niño ha puesto en marcha todo el proceso que le lleva a andar. Es en este periodo en el que el niño puede andar sin la ayuda de las manos cuando aparece el centro del lenguaje en el cerebro al lado del área de la mano. La aparición de este centro es la consecuencia de la elaboración de la marcha. El niño pronunciará palabras completas a partir de que empiece a andar. El movimiento prepara al lenguaje y a la maduración de las funciones neurovegetativas.

El lenguaje, capacidad específica humana, viene del entorno porque el niño asimila por imitación lo que entiende. El lenguaje permite la estructuración del espíritu, de la personalidad: al niño que imita es bueno darle la lengua materna en toda su riqueza y en toda la complejidad de su estructura interna. En presencia del niño, el lenguaje debería ser claro, pronunciado sin omisiones ni mala pronunciación y las sutilezas, puestas en evidencia por el uso de palabras y de frases variadas y exactas. Un vocabulario extenso permite una mejor diferenciación de las imágenes. Incluso si el niño no comprende en el momento, lo memorizará para más adelante. Es importante no utilizar lenguaje de bebé con los bebés.

El lenguaje, expresión del alma (sin olvidar el alma popular), utiliza el conjunto de la organización motora; el cuerpo en su conjunto participa en el lenguaje.

— *Pensar*

El pensamiento se desarrolla con y a través del lenguaje. Un lenguaje más o menos diferenciado influye en la sutilidad del pensamiento del niño. El lenguaje variado, preciso, claro genera un pensamiento semejante al lenguaje. El pensamiento se hace lógico.

El hecho de aprender una lengua extranjera nos hace penetrar en el interior del espíritu de esta lengua y participa en la sutileza y el refinamiento del pensamiento.

Una de las fases del desarrollo del lenguaje es poner nombre a las cosas. De ahí surgen las imágenes, primer paso hacia el pensamiento. Por el hecho de dar nombre a las personas, las cosas y las situaciones, las imágenes se entremezclan en la memoria. El proceso de pensar empieza al fin y al cabo en la fase siguiente, cuando estas memorias memorizadas se relacionan. Es la fase de la imaginación creativa, que significa que el hombre, construyendo sobre la base de imágenes de pensamiento ya memorizadas, es capaz de ponerlas en relación y añadir otras nuevas (B. Padovan).

— *Andar – hablar – pensar*

- El pensamiento nace del lenguaje, que a su vez nace de la marcha.

- Es esencial el entorno afectivo, que garantiza la calidad de las percepciones neurosensoriales y favorece el desarrollo de la marcha.
- Es el cuerpo entero el que participa en el acto de andar, hablar y pensar.
- El cuerpo es el instrumento que emplea el alma para expresarse durante estas tres etapas del desarrollo específicas del hombre.
- Un cuerpo armonioso permite la expresión equilibrada de andar, hablar y pensar.
- La boca, en su equilibrio, es una expresión de esta armonía.

Estos puntos ilustran la importancia del equilibrio bucal y, si es necesaria, de la intervención del tratamiento bucodental para lograr ese equilibrio.

En la lógica que acabo de desarrollar, es interesante anotar que las enfermedades de la palabra y del pensamiento tienen solución en el tratamiento de la marcha. Es lo que hace B. Padovan cuando dice: «Si me encuentro con fracasos, es porque quiero tratar la parte enferma, es decir, el habla cuando en realidad lo que me interesa es tratar el aprendizaje de la marcha, que no está totalmente integrada».

Sus investigaciones desembocan en un protocolo terapéutico que denomina *reorganización neurofuncional*.

La reorganización neurofuncional propone una secuencia inicial de ejercicios que recapitulan la génesis de los primeros movimientos que llevan al niño de la posición horizontal a la postura vertical; después siguen otros ejercicios, indicados para el desarrollo de las manos, los ojos y las funciones neurovegetativas.

Cada ejercicio se acompaña de un poema recitado por el terapeuta para curar simultáneamente el ritmo, la audición, la imaginación y la sincronización de los movimientos. Para favorecer una mejor estimulación del sistema nervioso, son necesarias varias sesiones por semana (B. Padovan).

Estos ejercicios que utilizan las funciones neurovegetativas nos interesan principalmente por su papel en el tratamiento que llevamos a cabo con el activador plurifuncional.

La reorganización neurofuncional es un método de desarrollo neurosensorial que permite:

- Una mejoría de la maduración del sistema nervioso afectado por parálisis cerebral, autismos, trisomía, dislexia, disortografía, tartamudez, problemas de lateralidad, etc.
- La estimulación de nuevas vías neurológicas en los casos de tetraplejia, hemiplejia, afasia, etc.

«Incluso si se ha padecido una lesión de los nervios o los músculos, este tejido puede regenerarse con la ayuda de un programa de ejercicios mentales y físicos» (M. SCHNEIDER[16])

Pero ¿cómo se sitúan, en relación con todo lo que acabamos de ver, las técnicas funcionales bucodentarias y en concreto el activador?

Los descubrimientos en neurología en estos últimos quince años permiten hoy en día utilizar las capacidades de plasticidad* del cerebro. Una sustancia, el factor neurotrófico, se comporta como el verdadero alimento de la célula. Se produce en el cerebro, la piel, el hígado, el intestino y se sintetiza por la actividad muscular amplia y fina.

Este alimento estimula la proliferación y la conexión de las diferentes neuronas entre ellas. Estas neuronas, que hasta este momento han estado dormidas, se activan. A lo largo de nuestra vida moriran unas células nerviosas y se crearán otras conexiones.

Los estímulos ambientales favorecen la maduración fisiológica del sistema nervioso. Por este motivo, existe un mayor número de sinapsis* en la persona adulta que en el adolescente, que hacen que se pueda estar activo psíquicamente hasta el final de la vida.

Pero ¿por qué algunas personas mayores tienen disminuidas sus funciones si en realidad lo normal es lo contrario?

Estas personas puede que no estuvieran suficientemente estimuladas durante su infancia y no hubieran podido compensarlo a lo largo de su vida. Pero esto es posible sea cual sea la edad. Hablaré más delante de ello.

Es por medio de la función natural, la neuroplasticidad*, como B. Padovan, en su tratamiento, destaca los estímulos periféricos.

Esta facultad permite tratar todas las patologías relacionadas con el sistema nervioso central y actuar a nivel poslesional sin tener que conocer todas las vías lesionadas.

La estimulación de las vías periféricas ofrece la posibilidad de lograr una recuperación del sistema nervioso central. Cuanto más multiplicamos las puertas de entrada a la periferia del cuerpo, más aumentamos nuestras posibilidades de actuar en el cerebro.

El activador es un instrumento de estimulación de estas vías.

3. El activador plurifuncional: la posibilidad de corregir las funciones bucodentarias y neurológicas a cualquier edad

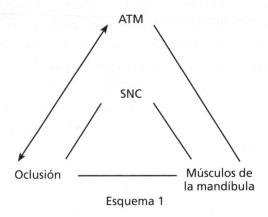

Esquema 1

ATM (articulación témporo-mandibular): Son las dos articulaciones de la mandíbula.

Oclusión: Es la forma en la que los dientes están en contacto.

SNC (Sistema nervioso central): El cerebro.

Este esquema me lo proporcionó un especialista en neuroanatomía brasileño, Nelson Annonciato, que ha colaborado con la investigación de Beatriz Padovan. ¿Qué demuestra? Sea cual sea la parte afectada —oclusión, ATM o músculos de la mandíbula (estos son muy numerosos)—, estamos en relación con el cerebro.

Cuando estimulamos el cerebro, lo hacemos también con las articulaciones, la oclusión y los músculos de la mandíbula. Además, es posible observar que estos tres elementos son interdependientes y se potencian entre sí.

En efecto, cualquier acción que se ejerza sobre la oclusión dentaria actúa sistemáticamente en las articulaciones y los músculos de la mandíbula. Al contrario, sucede lo mismo.

Estas estructuras anatómicas (articulaciones, músculos de la mandíbula) y la oclusión son dependientes, ya lo hemos visto, de las funciones neurovegetativas sobre las que trabajamos con el activador. Estas últimas dependen del buen funcionamiento del sistema nervioso central, que se alimenta de los estímulos de todo el cuerpo.

Cuando un paciente se coloca un activador en la boca, trabaja directamente sobre las articulaciones, los músculos de la mandíbula y la oclusión. Su actividad muscular de masticarlo una hora al día desencadena la producción del alimento de la célula, el factor neurotrófico, el cual, sintetizado por el músculo, estimula las neuronas latentes y crea nuevas vías neurológicas. Es un nuevo despertar del organismo. Además, el activador requiere directamente respirar, tragar y masticar.

El trabajo que realiza el activador corresponde perfectamente a lo que se ha descrito antes, a saber: cuanto más multipliquemos los estímulos periféricos, más posibilidades tendremos de lograr una recuperación neurológica en el cerebro.

Hemos citado previamente los trabajos del profesor Macary[9], que relaciona la respiración nasal y la disminución del volumen del corazón. Nosotros hemos constatado esos hallazgos.

En efecto, se produce igualmente un efecto «bola de nieve»: si el ritmo cardiaco se regulariza, la circulación sanguínea y la respiración se normalizan de manera refleja. El núcleo central del corazón, que dirige las operaciones de aumento o de disminución de los movimientos cardiacos, se estabiliza también. Lo inverso es igualmente cierto: si la respiración se normaliza, el ritmo cardiaco se regulariza. Todo esto se desarrolla por debajo del nivel de la consciencia.

Por otro lado, cuando colocamos de forma consciente el activador en la boca, se produce en nosotros una reacción inconsciente positiva de los centros nerviosos.

Además, la decisión de llevar el activador actúa sobre la noción de las fuerzas de voluntad. Son muy importantes en el éxito de estos tratamientos. El paciente está obligado a ocuparse de sí mismo. Se transforma en su propio médico. Es una auténtica **autoterapia**, que deberá ser guiada porque el dentista tiene que seguir la evolución del tratamiento y adaptarlo en función de los resultados obtenidos.

Retomemos la lectura completa de la carta de Bertrand (p. 85):

Pronto hará un año que utilizo este aparato dos veces al día; tengo que decir que me va bien. No sé por qué, pero el resultado es evidente.

Volvamos hacia atrás, a cuando vine por primera vez a la consulta. Yo era muy escéptico sobre los efectos de este trozo de caucho. Me encontraba en un estado deplorable, depresivo, con problemas de obsesión, dolores en las cervicales, zumbidos en los oídos. Cuando llegaba el fin de semana no salía de mi habitación. De médico en médico, tomando ansiolíticos y antidepresivos, buscaba la causa de mi malestar. Estaba convencido de que era física. Ahora, pensándolo, me doy cuenta de que estaba equivocado.

Voy a explicar los sucesos que me han permitido salir de ese estado.

Los primeros meses del tratamiento fueron muy difíciles. Mi estado depresivo siguió durante varios meses, con algunos periodos muy cortos (dos o tres días al mes) en los que iba mejor. Uno no se da cuenta realmente de la evolución, pero aparecen pequeños signos poco a poco. No tenía tantas ganas de encerrarme en casa. Dormía mejor. Cuando me despertaba me encontraba mejor. Poco a poco, sentía que pasaba algo. Mis dolores se atenuaban. Volvía a tener ganas de interesarme por los demás, ganas de hacer proyectos. De mes en mes, iba mejorando. Pero fue un proceso muy duro. Más de una vez tuve ganas de pararlo todo y me daba cuenta de que volvía a caer. No era lo suficientemente fuerte para dejar el activador. Después de seis meses de uso, se aceleró el proceso. Las puertas se abrían una a una. Puede parecer curioso, pero es lo que sentía. El aparato era parte de mi vida y yo me sorprendía a mí mismo, pues ya no pensaba en mis problemas. Me invadía una nueva alegría de vivir. Volvía a ser como antes.

Pronto hará un año que empecé este tratamiento y pienso que aún me hace falta perseverar. El uso del activador me ha hecho tomar conciencia de que lo psicológico es una parte esencial de todos nuestros males.

No sé por qué el hecho de masticar este trozo de caucho me ha permitido salir de la depresión, pero me veo obligado a rendirme a la evidencia: esto funciona.

Tras disolverse la niebla en la que he vivido, ya no soy el mismo y nunca más lo seré.

Inicié el libro con mis constataciones, como dentista, sobre la boca y sus dismorfosis. Estaría bien hacer una pequeña recapitulación de todo lo que hemos visto hasta aquí.

La ciencia contemporánea ha observado, desde hace un siglo, la asociación sistemática de estas patologías (dismorfosis) con las funciones neurovegetativas perturbadas, funciones que dependen del buen funcionamiento del sistema nervioso central.

Pero desarrollemos más la regla de los tres *por qués*:

– El cerebro es también un instrumento del cuerpo físico. Podemos compararlo con un ordenador central. Es muy sofisticado, pero solo transporta las informaciones que recibe. Estas informaciones, todos lo sabemos, provienen de nuestra psique. En ese caso, ¿por qué iba a ser el sistema nervioso la causa de los desequilibrios bucales?

– La relación entre la mejoría física y llevar el activador está demostrada. Pero nos queda un camino que explorar: la relación del aparato multifuncional con la curación psíquica. ¿Con qué mecanismos puede un aparato contribuir a una curación psíquica?

Estas son las preguntas que voy a intentar responder.

3
RELACIONES ENTRE LA BOCA, EL CUERPO FÍSICO Y EL PSIQUISMO

«YA VES, ME SALIÓ EL COLMILLO cuando conocí a mi padre». Este paciente de 35 años conoció a su padre hace solo quince días. Sus caninos superiores estaban totalmente incluidos en el maxilar. Dos semanas después, el canino derecho apunta en la boca. Pero ¿por qué milagro un diente bloqueado durante treinta y cinco años puede salir solo en quince días?

Yo no tenía ninguna respuesta científica, pero una vez más lo constataba. Y esto me ha bastado para decidirlo: vamos a intentar comprender estos «milagros».

I. TODO EL MUNDO LO DICE, TODO EL MUNDO LO VIVE, TODO EL MUNDO LO GRITA... PERO ¿QUIÉN LO VE?

1. Todo el mundo lo dice

Es tan bella que «me corta la respiración».
Esta película de terror «me ha helado la sangre».
Aún me quedan dos horas de trabajo; «estoy hasta las narices».
Solo de pensarlo «me entran sudores fríos».

«Me ha deslumbrado» con su cochazo rojo.

La miseria que hay en el mundo «me parte el corazón».

Todo este despilfarro «me pone enfermo».

Tuve tanto miedo que casi «me estalla el corazón».

Me preocupo tanto por él que «me hierve la sangre» de verlo así.

Todos establecemos cotidianamente una relación entre nuestras emociones, agradables o desagradables, y las reacciones físicas que nos ocasionan e incluso con las enfermedades que pueden producir. ¡Quién no ha estado «exhausto», «al borde de la úlcera», de la «crisis cardiaca» o de la «crisis nerviosa»…! Es una forma de hablar, por supuesto.

Los biólogos, mediante sus observaciones y experimentos en el reino animal, demuestran científicamente la existencia de esas relaciones y sus repercusiones en el sistema nervioso. Para que lo comprendáis mejor voy a dar dos ejemplos:

Ponemos dos ratas de laboratorio en un laberinto. La rata 1 ha vivido en condiciones normales, mientras que la rata 2 ha estado siempre en una jaula dentro de una cámara oscura. Cada rata se colocará cinco veces delante de la entrada del laberinto. La primera va utilizar cada vez menos tiempo para salir del laberinto y la segunda nunca encuentra la salida.

Conclusión: la rata 1 encontró la salida y memorizó el trayecto del laberinto, pero la rata 2 nunca llegó a encontrarlo.

Después de la disección de estos dos animales, a nivel neurológico hemos constatado que todo estaba más desarrollado en la rata 1 que en la rata 2, excepto la distancia entre las diferentes neuronas, que era menor en la rata 1. Esto genera una información más rápida del influjo nervioso (mensaje que permite a un músculo responder a las órdenes del cerebro). En la rata 2 sucedía lo contrario. Observamos una modificación anatómica de los circuitos utilizados para la propagación del influjo nervioso. Podemos interferir en el tamaño de las células nerviosas y las conexiones entre ellas e intervenir en la calidad y la cantidad de las informaciones mediante factores externos ambientales desfavorables. ACABAMOS DE VER LAS INFLUENCIAS DE UN ENTORNO NEGATIVO.

Por el contrario, observemos los efectos en un medio natural. Durante el verano los investigadores observaban dos pájaros. Mirándolos de más cerca, se dieron cuenta de que solo cantaba un pájaro, el macho. Estudiaron su sistema nervioso y observaron una diferencia entre sus células nerviosas: las del macho son más grandes, más gruesas, etc., como en la rata 1 de antes. Constataron que las de la hembra se habían quedado más pequeñas. Continuaron esta experiencia durante el invierno y se dieron cuenta de que ninguno de los pájaros cantaba; vieron que las células nerviosas del macho se habían transformado en idénticas a las de la hembra. Los pájaros están sometidos de forma natural a un ritmo estacional.

Nos encontramos con este fenómeno en el hombre, pero regulado según un ritmo circadiano (ritmo de unas veinticuatro horas). Observamos también en estos casos la existencia de una modificación de las estructuras anatómicas y del funcionamiento fisiológico del sistema nervioso central, según las estaciones para los pájaros y según las horas de la jornada para el ser humano.

Podemos pensar en extrapolar para el hombre estos dos ejemplos y medir así la importancia del entorno exterior en su comportamiento interior.

Desde el nacimiento, todos poseemos unos códigos genéticos. Todo lo que no depende de este código se llama *factor epigenético* (es decir, «lo que está alrededor» de la genética). El conjunto de factores ambientales es epigenético. Tienen el poder de modificar la expresión del código genético. Desde su concepción, el ser humano se construirá en función del mundo exterior. Lo hemos visto en el desarrollo de la marcha, de la palabra y del pensamiento.

¿No son los pacientes de los dentistas excelentes candidatos para tomar conciencia de las relaciones existentes entre lo físico y lo psíquico? En efecto, son ellos a quienes les rechinan los dientes en las malas noches, quienes aprietan los maxilares para infundirse coraje, pero también para luchar contra el dolor. Ellos son los que tienen a menudo alguien a quien «hincar el diente» o tienen «colmillos de vampiro». También, descontentos, «enseñan los dientes». De todos modos, algunos afortunadamente «se comen el mundo».

2. Todo el mundo lo vive

Alegría, envidia, miedo, angustia... las emociones dan ritmo y acompañan todos los momentos de nuestra vida. Sentimos las nuestras, pero podemos también reconocerlas en los demás. En efecto, cada una de ellas posee su cortejo de manifestaciones físicas. La manifestación de las emociones a nivel corporal es un lenguaje universal.

Por ejemplo, cuando tenemos miedo, ¿qué sentimos? Una aceleración del ritmo cardiaco y la boca se seca. Al mismo tiempo, la respiración se acelera y el tránsito intestinal se modifica. ¿Quién no ha tenido una diarrea o náuseas antes de un examen o un prueba (*casting* de actores)?

Imaginaos la escena que puede desarrollarse en un teatro, por ejemplo. Al caer el telón, una joven se levanta de su butaca, aplaude a tope, da saltos y un poco más lejos un hombre se despierta sobresaltado, sopla y se endereza lentamente. No hace falta conocer a estas personas, ni siquiera haber asistido a la escena, para saber lo que ellas sienten. En este momento preciso, uno se aburre, está cansado, fastidiado, mientras que la otra irradia alegría o expresa su felicidad.

Es fácil imaginarse la aceleración de los latidos del corazón de la joven. Una vez recuperada de sus emociones, el órgano se calmará. ¿Cómo puede reaccionar nuestro cuerpo, que cambia bajo la presión de nuestras emociones, cuando se ve sometido cotidianamente a una agresión? ¿Puede mantener un estado fisiológico cuando los pensamientos y los sentimientos no se calman nunca? Es lógico pensar que no. Ante un estrés duradero, los organismos que lo experimentan se deforman y aparecen los problemas físicos.

Las emociones son como los pensamientos: impalpables, inmateriales, invisibles; sin embargo, producen reacciones palpables, materiales y visibles por medio del cerebro. El lenguaje psíquico y el físico difieren en la forma pero no en el fondo.

Hace unos treinta años, se descubrieron los neurotransmisores (sustancias que transmiten los mensajes a través del sistema nervioso): se creía que el sistema nervioso funcionaba de modo binario, como el ordenador. Una sustancia poseía el rol de acelerador del influjo nervioso y otra el rol de ralentizador. Se estaba siempre en un modo de funcionamiento cuantitativo.

Mientras tanto, los descubrimientos de estos últimos años han mostrado una cantidad vertiginosa de combinaciones posibles, en función de la señal de origen y de los receptores. Esta induce la noción de calidad y no solamente de cantidad: cada una de nuestras emociones desencadena una cascada de sustancias químicas que se dirigen hacia un lugar preciso, en las condiciones dadas y siguiendo un orden riguroso.

«No es la molécula de la adrenalina (sustancia que modifica el ritmo cardiaco) la que hace que una madre se precipite dentro de un edificio en llamas para salvar a su hijo, ni la molécula de la endorfina (sustancia sintetizada por el cuerpo para combatir el dolor) la que le impide sentir las llamas. Es el amor que siente y la feroz determinación que la anima protegiéndola del dolor. Simplemente estas características de su espíritu han sabido encontrar el camino químico que permite al cerebro comunicarse con el cuerpo» (D. Chopra)[3].

Así, no solo cada una de nuestras emociones desencadena una sustancia química que se dirige a una zona concreta, en unas condiciones determinadas, siguiendo un orden riguroso, sino que, además, estas emociones, parecidas en apariencia, no darán los mismos resultados a nivel biológico en función de su aparición.

Esta sustancia es, sin embargo, idéntica al analizarla químicamente, pero no provocará jamás los mismos efectos según los lugares «diana» del cuerpo y según nuestro temperamento.

Además, a los medicamentos les faltará la inteligencia de la misma molécula sintetizada por el organismo. Existe así una inteligencia (que se nos escapa) que hace pasar de la no materia a la materia, o del pensamiento a la materia. Veamos lo que nos dice Chopra:

> Un neuropéptido (molécula de aminoácidos del cerebro) nace con el contacto de un pensamiento. Pero ¿de dónde surge? El miedo y el agente neuroquímico que lo materializa están en cierta manera relacionados por un proceso oculto que da lugar a la transformación de la no materia en materia.

La endorfina intracorporal y su homólogo sintético no tendrán jamás la misma eficacia. Todos lo sabemos, pero ¿qué podemos hacer?

Por ejemplo, estamos en casa del señor Dupont. Son las 10 de la noche. Bosteza, se frota los ojos y se quita las gafas: «Me tomo un café y acabo este dossier; así adelanto el trabajo». A la 1 de la madrugada, se mete en la cama y como todas las noches, duerme un sueño agitado. Sus ronquidos y su bruxismo solo molestan a su mujer. A las 6.30 se despierta sobresaltado. Ya está cansado, se sienta en la cama antes de afrontar la jornada. Se palpa la mejilla derecha y murmura: «Está tensa, me duele, pero ya se me pasará».

Cada día el dolor se hace más presente; se hace obsesivo. Por agotamiento, al cabo de un mes, reserva hora con su dentista. ¿Qué espera de esta cita? Que le quiten el dolor que altera su concentración y su eficacia. El síntoma esta tan presente que el señor Dupond y su dentista no ven que el dolor no es el agente causal. Es el signo de alarma que dice «tómate un descanso» y no el aguafiestas que le impide trabajar.

La solución será, evidentemente, relajar la musculatura de la mandíbula y el señor Dupond sabe que tiene que elegir entre:

- Tomar una pastilla que actuará directamente sobre la fibra muscular y le permitirá integrarse a su ritmo de vida con mayor o menor éxito.
- O sintetizar él mismo la endorfina corporal que aliviará el mal. Pero para esto, señor Dupond, tiene que cambiar de ritmo.

El estrés del señor Dupond es la consecuencia de un estado psíquico patológico. Este estado invisible es la resultante de todo un entorno, de todo un sistema educativo, de todo lo que el señor Dupond ha captado del exterior desde su nacimiento y que ha modelado su forma de funcionar. El cuerpo y sus funciones están bajo la dependencia de los pensamientos y las emociones. Esto no es un estado pasajero que cae del cielo: el señor Dupond transmite constantemente este funcionamiento hasta que se materializa en su cuerpo físico. No existe ninguna patología, por leve que sea, que no provenga de un problema emocional.

Subrayamos aquí que lo psicoafectivo es el eslabón que falta entre los factores ambientales exteriores y el cuerpo físico interior. Es la única autoridad. Del mismo modo que, para estar en plena forma, tenemos necesidad de digerir los alimentos que proceden del exterior, es también indispensable digerir los acontecimientos que vienen del exterior. Lo hemos comentado al principio de este libro: el barómetro de nuestra salud es, a todos los niveles, nuestro funcionamiento psicoemocional. Pero ¿quién puede actuar sobre su funcionamiento psicoemocional? ¿Quién puede elegir entre digerir los acontecimientos o superarlos? El ser humano, ¡él mismo! Nosotros tenemos en cada instante la posibilidad de hacer esta elección. Lo comprenderemos mejor en la quinta parte de esta obra.

Acordémonos de Francis (p. 43), que decía «sufro desde hace tiempo por el apiñamiento poco estético de mis dientes». Yo lo había descrito como un personaje cerrado y serio. En aquel momento emití la hipótesis de que ese estado podía ser la consecuencia de su apiñamiento dentario poco estético.

A la luz de esto se puede decir que la hipótesis no era correcta. El estado de ánimo de Francis es la causa y no la consecuencia de su apiñamiento dentario. Él mismo generó sus desordenes dentales como reflejo de sus vivencias psicoafectivas desde el nacimiento. Las desarmonías bucodentales (como las demás enfermedades) se presentaron para despertarle y hacerle crecer. Son amigas y llaman su atención sobre el escollo que se presenta ante él, ya que es el papel de los amigos avisar de un peligro potencial. O sea, hay que considerar las patologías desde este punto de vista y ¡escuchar a los amigos!

Y para Sylvain (p. 58), lo mismo: apenas masticaba y tragaba casi enteros los alimentos, debido a la colocación de sus dientes. En su caso, la función psicoemocional también le había llevado a elaborar su propia configuración dentaria.

Veámoslo más claro haciendo un resumen de nuestros conocimientos hasta esta fase de nuestra presentación.

Hemos partido de la constatación de deformaciones bucales.

Después hemos observado una desorganización sistemática de las funciones vitales (succión, deglución, respiración, masticación) que dependen del sistema nervioso.

Acabamos de ver que el psiquismo actúa en nuestros órganos por vía del sistema nervioso. Vamos a ver este esquema.

No podemos ver lo invisible…
pero podemos ver su manifestación

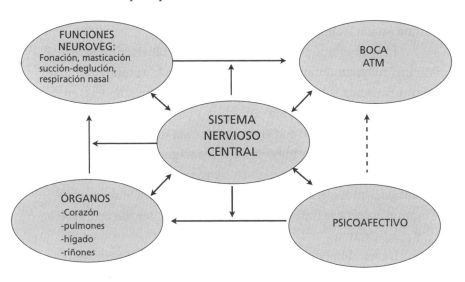

Esquema 2

111

¿Entonces en qué afecta esto al tratamiento basado en la utilización del activador?

Las malformaciones bucales tienen una relación directa con el psiquismo del hombre por vía de los órganos y el sistema nervioso. El activador va a permitir el acceso a los procesos fisiológicos de autocuración. Trabaja la oclusión, las articulaciones de la mandíbula, los músculos de la mandíbula y las funciones neurovegetativas por la intermediación del sistema nervioso.

El activador nos obliga a pararnos, a cortar nuestro ritmo de vida a menudo infernal, a modular nuestro comportamiento. Vamos a trabajar sobre nuestro espíritu, en la acción y no en la reacción a los acontecimientos. En efecto, de forma voluntaria se decide parar toda la actividad para relajarse y seguir un ejercicio según un protocolo preciso. Nos lo imponemos a nosotros mismos. Masticar un aparato de caucho no aporta *a priori* ningún interés de carácter financiero o lúdico. Esto podría ser perfectamente una acción totalmente inútil.

El activador le permite al ser humano trabajar directamente en el psiquismo y en sus órganos mediante la **autoterapia**. Este trabajo actúa sobre su temperamento y, en consecuencia, en su manera de tomarse la vida.

En el tratamiento con el activador, cada mejoría de la boca irá acompañada de una mejoría en el plano general. Una boca que se alinea es solo la consecuencia. Tengo por costumbre decirles a mis pacientes que la boca es la guinda del pastel. Si se mueve, es que el hombre se trata en conjunto, en todo su ser físico, orgánico y psicoafectivo.

La relación entre la boca y la globalidad de un individuo se convierte en un ejercicio cotidiano del dentista. El papel de este es despertar al paciente en esta globalidad.

Recordad que, al principio de este libro, yo les hacía esta pregunta a ciertos pacientes «¿Le sorprende si le digo que usted es su mejor médico?».

Suelo hacerles otra pregunta: «¿Le choca si le digo que la boca es uno de los espejos del cuerpo completo, físico y psíquico?».

Descubro al paciente la relación sistemática que existe entre los dientes y su temperamento. Esta interdependencia podría hacerse con cualquier otra parte del cuerpo. Si la boca es un espejo, ella no es más que la consecuencia. Pero si la relación con el temperamento es omnipresente, es que este último es la causa.

Si Claude Bernard nos dijo que «la función crea el órgano», podemos añadir hoy por hoy que «lo psicoafectivo crea el pensamiento; el pensamiento crea la función y esta crea el órgano».

3. Todo el mundo lo grita... pero ¿quién lo ve?

Hay que ir más allá de la apariencia de las cosas para encontrarles sentido: la simple observación de una desviación visible en la boca (incisivos de leche demasiado juntos en un niño de tres años, por ejemplo) puede ser una toma de conciencia del papel de los síntomas que se ven desde el exterior. La boca es un espejo real del cuerpo humano, accesible como cualquier otro órgano y, en todo caso, más accesible que un riñón o un hígado.

El todo está en el todo. No existe una parte del organismo por pequeña que sea que no hable de la globalidad. Simplemente nunca nos enseñaron a leer, ni siquiera a imaginar que esto pueda ser posible.

**Las dismorfosis aparecen para avisarnos del estado
psicoafectivo del individuo y del porvenir del niño.**

113

El ser humano puede llorar toda su vida cuando nadie le ve.
Pero ¿cómo podemos ver su llanto?

Ver el llanto es aceptar no ver lo invisible (el llanto), pero sí sus consecuencias.

Ver el llanto es aceptar ver una boca deformada y leer sus sufrimientos.

Los males de la infancia que no se perciben se transformarán en palabras. El hombre adulto va a manifestar su malestar. En esta fase, podríamos entenderlo y verlo, pero no se suelen relacionar las palabras expresadas (estrés, depresión, angustia) con las deformaciones bucales. ¿No es así, señor Dupond, David, Bernard, Sylvain, Francis, Angéla y tantos otros?

Y sin embargo, esto podría ser sencillo, porque **todos vivimos** situaciones parecidas, pero pocos establecen esa relación.

Si todos los pensamientos y emociones producen reacciones somáticas, entonces el psicosomatismo es la norma. Todas las reacciones son psiconormales y cuando se repiten muy a menudo, se transforman en psicosomáticas: el cuerpo va a modificarse físicamente.

Testimonio de Martin (55 años):

He llevado el activador durante dos meses, tres veces al día durante 20 minutos, además de llevarlo por la noche.

Durante este periodo, he constatado pequeños vértigos y una impresión de vacío, la desaparición de mis hemorroides, la desaparición de mis palpitaciones, la desaparición de la bola en el estómago.

Al cabo de estos dos meses aparece un problema de inflamación de la mucosa de la boca.

El simple hecho de pensar en el aparato hacía que se me hinchara.

El cuerpo nos habla continuamente; el psiquismo del hombre es el origen de todo.

Nuestra organización interna y nuestra apariencia son los frutos de lo que hemos sentido y pensado durante toda nuestra vida en contacto de los factores epigenéticos.

El llanto del pequeño Claude, desde su nacimiento hasta más o menos la edad de los tres años, estaba destinado a avisar al entorno próximo (los padres) del sufrimiento que tenía en ese momento. Anunciaba las futuras dismorfosis. Estas últimas se producen para volver a avisar por segunda vez a los padres de sus problemas: el llanto no fue suficiente; solo el trabajo en estas dismorfosis ha permitido parar las pesadillas.

Pero recordad el testimonio de Claude: «He sentido que era mi oportunidad, igual que mi padre que acababa de comprenderlo respecto a su propia vida... Yo veía la metamorfosis de mi padre y como se transformaba toda la familia».

El trabajo de las dismorfosis iba a la par con un cambio de la actitud psicoafectiva de su padre, que se había transfomado completamente, actitud que iba a conllevar una modificación de su comportamiento, o sea, una modificación del entorno del niño.

El entorno del niño es capital y repercute hasta en su físico, que reflejará exactamente sus vivencias psíquicas.

Si las patologías bucales no son suficientes para despertar a los padres, el niño (y después el adulto) desarrollará nuevas enfermedades para intentar hacerse oir más y más.

Las preguntas de Francis (p. 50) son pues muy pertinentes: «¿Por qué tantas dismorfosis? ¿Qué quieren decirnos? ¿Por qué la aplastante mayoría de los humanos?...».

Si existen tantas personas afectadas, quiere decir que la humanidad está gritando de modo unánime. Se extienden el sufrimiento y las compensaciones a la vista de todo el mundo. Todo el mundo lo grita... pero ¿quién lo ve?

Pero este sufrimiento generalizado debe de tener por fuerza un sentido. Está ahí para decirnos algo («le mal a dit» se pronuncia como *maladie*, que significa «enfermedad» en francés). Estará presente mientras no recorramos el camino necesario hacia la comprensión.

Afortunadamente, en este mundo nada es irreversible. Hasta lo más duro (el diente y su hueso) puede cambiarlo el hombre sea cual sea su edad. En efecto, si nuestras malformaciones y nuestras enfermedades son la consecuencia de un funcionamiento psicoafectivo perturbado, hay que ponerse manos a la obra para cambiar nuestra forma de actuar con el fin de evitar estas patologías.

Ciertas personas, en fase terminal de cáncer, a quienes les habían dado dos meses de vida, han escrito un libro de testimonios diez años después. La ciencia actual habla de curación milagrosa. Pero existe un denominador común a todas estos «milagros».

Todos cambiaron de modo de vida. El milagro no viene del exterior: está en el hombre.

De hecho, las células de nuestro cuerpo se renuevan regularmente y sin embargo se escucha a menudo esta reflexión: «No podemos recuperarnos». ¡Qué aberración! El ser humano se hace y se deshace cada segundo, desde su primera inspiración hasta el último suspiro. Es un nacimiento perpetuo: el cuerpo crea partes nuevas en cada instante. El ser humano tiene todo el poder en sí mismo, todas las posibilidades.

En el ámbito bucal, el activador permite poner en marcha otra forma de funcionamiento interior. El hombre decide modificar su modo de vida y «masticando» trabaja hasta lo más profundo de su ser.

El diente es el órgano más mineralizado de todo el organismo. De los cuatro reinos (mineral, vegetal, animal, humano) encarnados en el hombre, tocamos a través de él lo más arcaico, el reino mineral. Podemos evidenciar la potencia del espíritu del ser humano que puede modificar hasta su parte más dura: ¡el diente!

Proponemos, mediante el activador y todo el tratamiento que lo acompaña, a quien ha tenido la fuerza para deformarse, que la utilice para recomponerse.

II. LA BOCA, PUERTA DE ENTRADA DE UN TRATAMIENTO GLOBAL

1. Del *por qué* al *para qué*

Juntos hemos evolucionado del *cómo* al *por qué*.

- ¿Cómo solucionar el problema de la falta de espacio en una boca? Por supuesto, esto es importante. Pero, sobre todo, ¿por qué se produce esa falta de espacio?
- ¿Cómo curar una caries? Esto también es primordial, pero sobre todo, ¿por qué hay una caries?

La respuesta a este *por qué* cambia el tratamiento propuesto,

pues nos dirigimos a la causa y no nos limitamos exclusivamente a tapar el síntoma, que se considera una consecuencia.
- ¿Por qué limitarnos únicamente a la boca? La caries es una enfermedad como cualquier otra. ¿Por qué no generalizarlo a todas las enfermedades?
- ¿Cómo tratar la depresión? Esto también es importante, pero la verdadera pregunta es ¿por qué existe una depresión, un asma, un cáncer, un sida, etc.?

¿Este **por qué** nos puede llevar al **para qué?**

¿Por qué motivo se nos declara una u otra patología? Esto nos introduce en la **noción del sentido.**

¿Tiene algún sentido que aparezcan enfermedades (o los incidentes, accidentes)?

Ya esbocé esta noción en la introducción.

Las técnicas médicas más antiguas responden afirmativamente. Se encuentran datos en la literatura más reciente, incluso en la actual. Edward Bach, en una conferencia impartida en el mes de febrero del año 1931 en Southport, decía a propósito de la enfermedad:

> Desprovista de toda malicia y de toda crueldad, es el instrumento escogido por el alma para avisarnos de nuestros deslices, para evitar que cometamos faltas más graves y para volvernos a guiar hacia el camino de la verdad y la luz, del que no hubiéramos tenido que desviarnos.

La enfermedad, «instrumento escogido por el alma» para ayudarnos y no para castigarnos por ninguna fuerza superior que venga del exterior.

Artículos antiguos y contemporáneos muestran que la enfermedad es en realidad una tentativa de autocuración (se inicia en el cerebro) ¡incluido el cáncer! La patología aparece para guiarnos.

La enfermedad, *maladie*, puede escribirse *el mal ha dicho*. Si el mal no tiene nada que decirnos, es que hemos integrado interiormente lo que tenía que comunicarnos y estamos curados. Si no, continuará hablándonos hasta que lo entendamos. La comprensión no quiere decir que haya una toma de conciencia intelectual. Nos curamos, lo hemos visto al principio de este libro, la mayoría de las veces sin la intervención de lo que llamamos *consciencia*. Al contrario de lo que se cree, la consciencia se encuentra en todas las células de nuestro cuerpo, no solo en la cabeza. La verdadera consciencia es visceral. El lenguaje popular emplea dichos como «Me sale de las entrañas» cuando se habla con sinceridad.

Nadie está obligado a adoptar esta teoría (aunque está confirmada por resultados clínicos).

Pero tengamos una actitud científica de investigadores: ¿y si la vía propuesta por el doctor E. Bach y otros tantos antes y después de él fuera cierta? ¿Por qué no experimentarla?

Es esta pista la que os propongo para valorar de otra forma las enfermedades: las caries dentales (primera epidemia mundial según la OMS) y otras patologías bucales.

2. Relaciones entre patologías de tipo general y la boca

Cuando tenía la oportunidad de encontrarme con el profesor Planas, siempre le preguntaba: «Usted dice que el hecho de comer por el mismo lado crea todo una serie de desequilibrios que describe perfectamente, pero ¿por qué un niño come solo por un lado?». Él contestaba: «Puede ser porque le duele el otro lado o porque tiene un diente de leche que está a punto de caerse».

El profesor Planas era una persona clara y precisa tanto inte-lectual como manualmente, pero a este tema respondía: «Puede ser». Un día, algo molesto con mi insistencia, me dice: «Es usted un pesado, ¿por qué me pregunta siempre lo mismo? Solo tiene que investigar usted mismo el *por qué* de la masticación unilateral. Yo ya soy demasiado viejo».

Yo no creo ser especialmente «pesado», pero entendámonos: gra-cias a las enseñanzas del profesor Planas, he aprendido a diagnosticar una función unilateral bucal derecha o izquierda, una masticación «en charnela» (la gente que come muy rápido y traga los trozos enteros).

Estos diagnósticos después se tratan para permitir a los maxilares que tengan un desarrollo y en crecimiento armónico, en el caso de los niños o detener una deriva patológica en el caso de los adultos.

Pero seguía sin saber por qué razón esta persona comía única-mente por un solo lado.

Evidentemente, se han dado muchas respuestas. Las he citado en la segunda parte: no se comen alimentos duros, la lactancia, la genética, la evolución de la especie, etc.; todo ello podría explicar, eventualmente, la falta de desarrollo de una boca, pero no me da una respuesta a la masticación unilateral.

Haciéndole esta pregunta sin respuesta al profesor Planas, me rondaba una idea por la cabeza.

En esta época uno de mis amigos iba regularmente a un cen-tro de desintoxicación de drogadictos, donde acompañaba a un amigo médico, responsable de este centro. Ciertos pacientes eran seropositivos, algunos con un sida declarado y bajo tratamiento con AZT, que era el método terapéutico de entonces.

Con el descubrimiento de los AFMP y las comprobaciones que hacíamos en el centro (hablaré de ello más tarde), se ha abierto una vía de diagnóstico y sobre todo de tratamiento de distintas patologías. Voy a presentaros las correlaciones que pudimos establecer y que pueden demostrarse.

El trabajo de armonización de la boca tiene una influencia positiva en el paciente en todo su conjunto. Y hemos podido verificarlo de forma sistemática. Por otro lado, observamos constantemente una disminución, e incluso la desaparición, de las patologías más importantes, de los síntomas que presentaban los pacientes al principio del tratamiento.

De todos modos, no decimos que el activador lo cure todo. El activador es un instrumento muy eficaz para iniciar un movimiento físico y psíquico (ya lo hemos visto). Solamente la respuesta de los pacientes a esta invitación interviene en sus síntomas. **El paciente es el único responsable de su eventual curación.**

— *Equilibrio bucal, espalda y articulaciones*

Todos conocemos la amplitud del fenómeno «dolor de espalda». Hemos notado una relación sistemática entre las patologías de la espalda, los dolores articulares asociados o independientes y las sobremordidas.

A medida que avanzan los tratamientos, sobre todo en cuanto a la regularización de la sobremordida, hemos constatado una mejoría seguida de la desaparición de los dolores cervicales, dorsales o lumbares. En lo que concierne a la lordosis o escoliosis, notamos que cesa el proceso de deformación y se produce una inversión de la curva hacia la normalidad.

— *Equilibrio bucal y dolor de cabeza*

Todos conocemos también la frecuencia de los dolores de cabeza y sobre todo las migrañas, tan invalidantes para las personas que las sufren. El camino hacia el equilibrio de la boca se acompaña frecuentemente de una desaparición total de estas patologías, así como de las migrañas oftálmicas.

— Equilibrio bucal, sueño y apneas del sueño

Tal como mencioné anteriormente en el caso de mi hijo Claude, asistimos a un cese de las pesadillas del niño (así como de las del adulto) y a una mejoría muy significativa de la calidad del sueño. El adormecimiento es mejor, los periodos de insomnio se interrumpen, y las personas ya no sienten fatiga crónica al despertar.

Tengo que hablar también del preocupante problema de los ronquidos y, sobre todo, de las apneas del sueño, que pueden tener consecuencias graves e incluso producir la muerte. Existen personas que paran de respirar durante un tiempo variable durante el sueño. Este tiempo de parada respiratoria, que se denomina *apnea*, puede ser peligroso, sobre todo en personas que sufren de problemas cardiacos. Los pacientes afectados permanecen conectados durante la noche de un aparato respiratorio que les permite oxigenarse en cada apnea.

Testimonio de Albert, 70 años

Como tengo una roncopatía bastante ruidosa desde hace tiempo, consulté a un neumólogo a finales del 2001. Después de examinarme, este médico constató la existencia de un síndrome de apneas del sueño significativas con pausas ventilatorias de carácter posicional relativamente prolongadas. Desde entonces estoy bajo tratamiento por presión positiva continuada nocturna. Este tratamiento no ha durado más que un mes, porque yo no toleraba la máscara con fugas que me molestaban para dormirme, así como durante el sueño.

En ese momento mi hijo, dentista de profesión, informado de esta patología y de los problemas relacionados con este tratamiento me propuso usar un activador plurifuncional.

Desde agosto de 2002, este activador me aporta un beneficio clínico claro, sobre todo en lo referente al ronquido y a la mejoría de la calidad del sueño.

A finales del 2002, mi médico me sugirió volver a controlar mi poligrafía con el activador y llegó a la conclusión de que había experimentado una mejoría significativa de mi roncopatía. La tolerancia parecía satisfactoria y el control ha permitido objetivar una regresión de más o menos el 50 % de la actividad nocturna.

Fin del 2004 y voy a una nueva consulta con mi médico para un control. El examen es estable en relación con los datos anteriores. Piensa que este tratamiento ha sido una buena solución.

Por mi parte, puedo decir que soporto muy bien el activador y que estoy muy satisfecho. Durante el día me siento más fresco, más activo y ya no sufro adormecimientos.

Añadiría que mi esposa ha sido la segunda beneficiaria de que lleve el activador por la noche.

Podemos ver sobre el trazado, en la parte superior de la página siguiente, la apnea y la recuperación de la respiración en el momento en que empieza el tratamiento con el activador.

En el trazado de abajo, hemos iniciado la ayuda respiratoria y el paciente duerme con un activador plurifuncional. Constatamos la desaparición de las apneas del sueño.

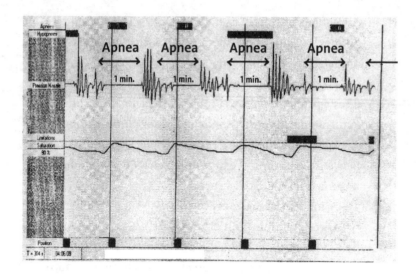

Sin activador plurifuncional

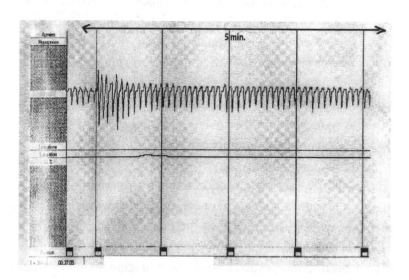

Con activador plurifuncional

124

— Equilibrio bucal y fatiga crónica o fibromialgia

La fibromialgia forma parte de las enfermedades que yo llamo *cajón de sastre*, pues no hay unanimidad en cuanto a su definición. Lo único que podemos afirmar es que esta enfermedad afecta a un gran número de personas.

Se caracteriza por una fatiga crónica que puede, por otro lado, pasar desapercibida porque es lo normal en la persona que la sufre. Por este hecho, este paciente nunca ha vivido el estado de no fatiga. Esta fatiga se acompaña de dolores crónicos que pueden situarse en cualquier parte del cuerpo. Existen libros completos dedicados únicamente a este tema.

Nuestro propósito aquí es simplemente indicar que los síntomas de la fibromialgia desaparecen cuando la boca se equilibra.

Estudios realizados con electromiografía (actividad eléctrica de los músculos) por el profesor J. Eschler[4] en 1961 y confirmados después por una compañera dentista brasileña, muestran la armonía de los músculos masticadores y la simetría de las funciones que se instauran, poco a poco, después de un mes de llevar el activador. Si aceptamos la idea de que los dolores fibromiálgicos pueden tener una relación directa con la asimetría de la función, con un desequilibrio del trabajo de nuestros músculos que conllevan sufrimientos neuromusculares, comprendemos mejor la eficacia del trabajo del activador a la escala del cuerpo en su globalidad.

— Equilibrio bucal y asma

Hemos señalado que los asmáticos mastican con el lado derecho. Todas nuestras observaciones lo confirman. Pero evidentemente una función derecha no es automáticamente sinónimo de asma.

Para que se desencadene una crisis de asma, deben reunirse dos factores: un factor desestabilizante psíquico y una función derecha predisponente.

Cada vez que hemos podido llevar a término el trabajo de equilibrio bucal, los pacientes ya no tuvieron crisis asmáticas. Pero estos medios técnicos, por sí solos, son insuficientes.

Hay que destacar tres aspectos esenciales:

- El dialogo entre el terapeuta y su paciente: el intercambio pedagógico.
- La toma de conciencia del paciente (y la del terapeuta) de lo que significa la enfermedad.
- La realización de actos que van hacia el despertar.

En un dosier titulado «Vencer las alergias y el asma, las cien caras del enemigo, los nuevos tratamientos» *Le Nouvel Observateur* en el año 2000 había precisado que la Organización Mundial de la Salud clasificaba esta enfermedad alérgica en la 6.ª posición de las epidemias mundiales. El artículo daba nombre a los «enemigos»: los ácaros, el gato, el caballo, el ratón, la cucaracha, el polen... incluso el ciprés era «presumiblemente culpable». Desde aquel estudio la alergia no ha dejado de aumentar en las estadísticas.

Por nuestra parte, las observaciones y los resultados clínicos, después de un tratamiento de equilibrado funcional, nos hacen ver la enfermedad asmática de forma completamente diferente.

El trabajo del dentista adquiere otra dimensión.

Los ácaros no son la causa de la enfermedad.

No son los responsables de la desviación de la mandíbula a la derecha, porque, sin cambiar nada de su entorno (los ácaros siguen estando allí), el paciente ya no vuelve a sufrir asma.

Las causas no se sitúan en el exterior: es el terreno. Pero es el interior el que debe cambiar en cada uno de nosotros (noción desarrollada por todas las medicinas desde hace milenios). Es nuestro estado (nuestro ser) orgánico, psíquico y físico (cambio de la estructura de la boca) lo que se ha modificado.

Estas observaciones conducen a una concepción totalmente nueva del ser humano, de la medicina y de la investigación científica, con importantes consecuencias en el plano económico, social, político.

— Equilibrio bucal y eczema

En esto nuestras observaciones nos han confirmado también las primeras constataciones: las personas afectadas de eczema están en función derecha, y el resultado del equilibrado bucal hace desaparecer progresivamente las crisis agudas de la enfermedad. Podemos observar ciertos eczemas en masticadores izquierdos, pero veremos que no son las mismas patologías.

— Equilibrio bucal y enfermedades ORL* (anginas, rinitis, otitis, sinusitis, etc.)

Todos los niños o adultos que sufren de forma crónica o puntual de afecciones ORL presentan un desequilibrio oclusal. Cuando el proceso virulento está ahí, lo primero que hay que hacer es apagar el incendio. Las técnicas médicas utilizadas lo hacen perfectamente. El trabajo dental, con el activador en paralelo, aporta resultados terapéuticos de gran interés. El objetivo primordial es recuperar, entre otras, la función nasal.

No podemos hablar de «curación duradera» sin una respiración nasal perfecta.

Me parece fundamental insistir en ello, sobre todo porque veo la forma en que se banaliza la respiración bucal.

— *Equilibrio bucal y alergias (ORL y cutáneas)*

Hemos constatado siempre la relación existente entre estas patologías y la boca desequilibrada. Y en todos los casos, después del equilibrado, las patologías se recuperan. En el caso de las alergias y en todas las enfermedades mencionadas en esta obra, la mejoría se experimenta después de algunos meses. A medida que se instala el equilibrio bucal, el paciente se siente mejor.

Lo hemos visto en el caso de Martin (p. 114): llevaba el aparato desde hacía dos meses sin ningún problema y después aparecieron reacciones de la mucosa bucal. Le he pedido que deje de usar el aparato y he hablado con él sobre las causas reales de la alergia. Como sucede con las demás enfermedades, esta patología no viene del exterior, sino que la provoca él mismo. Existe, a través de la alergia, una incapacidad momentánea de acceso a la curación. Martin ha retomado progresivamente y sin ninguna dificultad el uso del activador. He aquí su testimonio:

He dejado de masticar el aparato durante tres meses; después lo he vuelto a usar progresivamente a razón de algunos minutos por día, para llegar a los 30 minutos actualmente sin sentir ningún problema de inflamación. Voy a volver a ponérmelo por la noche, porque tengo insomnio y una sensación de fatiga cuando me despierto que habían desaparecido durante los dos meses que dormí con el activador.

Para abordar la alergia, nuestra actitud terapéutica podrá ser diferente en función de los pacientes.

— Equilibrio bucal y alcoholismo

Hemos constatado que el alcoholismo está siempre relacionado con una función derecha. La dentosofía es un tratamiento global que permite a los alcohólicos equilibrar su boca, pero igualmente lo hace el intercambio con su dentista. Es indispensable dar tiempo a estos pacientes y dedicarlo a escucharlos. Esto es cierto tanto para el paciente alcohólico como para el resto de los enfermos. La escucha es también nuestro trabajo cotidiano.

— Equilibrio bucal y tabaco

¡Qué capítulo más curioso!, ¿verdad? Y sin embargo nuestro razonamiento es simple. La mayoría de los fumadores sienten la necesidad de fumar, ¡pero hablan en términos de «placer»!

Hemos podido constatar igualmente el desequilibrio de la boca de estas personas. Ahora sabéis que la disarmonía bucal es el reflejo de un malestar más profundo.

¿Qué proponemos? Si así lo desean, ayudarles a resolver ese malestar… podrán continuar fumando únicamente por placer, y este será diferente hasta que puedan dejar de tener necesidad de ese «placer».

Este tema sobre los fumadores me conduce a una reflexión: se dice que el tabaco produce cáncer de pulmón, pero hay fumadores empedernidos que no contraen la enfermedad. Incluso, al contrario: a veces aparece cáncer de pulmón en no fumadores. ¿Y si el tabaco no fuera la causa del cáncer sino solamente un agente desencadenante en un terreno predispuesto? ¿Y si la causa fuera en este caso también el estado de bienestar interior del hombre?

Esto cambia de manera radical todo nuestro proceso de pensamiento. El responsable no es el tabaco, sino ¿por qué se fuma?, o ¿para qué se fuma? ¿De qué forma funcionamos para sentir necesidad de fumar?

Si cambiamos nuestra forma de vida modificando nuestro funcionamiento, dejaremos de fumar también, pero es más fácil echar la culpa al tabaco. Es más sencillo criminalizar a una causa que viene del exterior, pues esta actitud no exige ningún replanteamiento.

Visto desde esta nueva perspectiva, la solución no está en aumentar el precio de la cajetilla, sino en la toma de conciencia del problema interior del ser humano. Nos hallamos ante una vía de investigación diametralmente opuesta a la que se preconiza actualmente. Desde el momento en que se hace otra pregunta, puede esperarse otra respuesta.

— Equilibrio bucal y onicofagia *

¿Por qué se come las uñas la gente? Nunca hemos conocido a ningún «comedor de uñas zen». Todos los que tienen este hábito presentan inevitablemente un desequilibrio de la boca.

El trabajo de reequilibrio permite resolver el problema. Durante el tratamiento, un buen día el paciente se da cuenta de que hace seis meses que no se devora los dedos… y que hay que comprar unas tijeras y una lima de uñas.

— Equilibrio bucal y esclerosis múltiple

La esclerosis múltiple está sistemáticamente acompañada por una función masticatoria derecha, con un desgaste de los incisivos superiores mayor del normal. No hemos observado todavía una curación de la esclerosis múltiple (algunos tratamientos están en curso), pero estamos trabajando para recuperar el equilibrio de la boca en estos pacientes. El reequilibrio de la boca acompaña a los tratamientos y atenúa algunos síntomas provocados por la enfermedad, como el dolor de espalda y la sensación de fatiga.

— Equilibrio bucal y esquizofrenia

Maurice, de 53 años, es el paciente de un colega. Cuando habla, tiene la lengua entre los dientes. Esto es un signo de inmadurez. Es un hombre adulto, intelectualmente maduro, pero presenta la vida afectiva de un niño de tres años. Una diferencia tan grande entre la apariencia y la realidad de la vida interior es demasiado para una sola persona.

Él afirma: «Soy esquizofrénico deficitario» (incapaz de elegir). El diccionario define la esquizofrenia como «…una brecha entre una vida intelectual brillante y una desorganización de la vida afectiva…».

¿Por qué motivo me consultaba? Había oído hablar de mi trabajo y quería saber si podría «hacer algo por él». Se refería, naturalmente, al equilibrio de la boca, pero sobre todo quería saber si esto podría ayudarle con la esquizofrenia.

Nunca hemos tratado pacientes afectados por la esquizofrenia. Sin embargo, el caso de Maurice sugiere que la posibilidad de curación es elevada y, en consecuencia, la lengua (la manifestación bucal del equilibrio afectivo) podría encontrar un lugar más fisiológico y funcional. Él está todavía en tratamiento y, por el momento, nos limitamos a constatar grandes mejoras.

— *Equilibrio bucal y depresión*

Parece una niña y viene acompañada por su madre. Esta tiene tendencia a hablar y a contestar en su lugar. Y sin embargo, Agnès tiene unos 30 años cuando se presenta en la consulta de un amigo para verificar su equilibrio bucal. Desde el principio de la visita Agnès explica que siempre ha estado sumida en un estado depresivo (su madre lo confirma), y más concretamente una alternancia ciclotímica, euforia-depresión. Sin embargo, en estos últimos años el estado depresivo —y las ganas de morirse— es más frecuente.

Nuestras observaciones nos demuestran que todas las personas depresivas con tendencias suicidas tienen una función izquierda.

En la exploración con los dientes en contacto, presenta todos los síntomas de una masticación a la izquierda, y en dinámica, en lateralidades, debería funcionar igualmente a la izquierda, pero no: aquí los AFMP nos muestran un funcionamiento a la derecha. Sabiendo que fisiológicamente las leyes de Planas son siempre exactas, ¡es evidente que aquí pasa algo raro!

En efecto, tres meses antes se le había colocado un puente de canino a premolar superior izquierdo. Nuestra compañera elaboró el puente concienzudamente con un canino muy bonito, muy puntiagudo (la masticación unilateral izquierda había provocado un desgaste de este canino). Modificó de forma mecánica las AFMP y cambió de forma involuntaria el lado de la masticación. La paciente estaba obligada, neurológicamente y de forma inconsciente, a funcionar con el lado derecho de la boca.

Agnès cuenta que ha tenido fuertes crisis después de la colocación de este puente (su madre lo confirma); de hecho, su madre pensaba que su hija se había vuelto loca.

Una vez superada la fase crítica, se hizo evidente un cambio notable a nivel psicológico (la madre lo vuelve a confirmar). Ya no tenía episodios depresivos y encontró un equilibrio que nunca había conocido antes.

El hecho de cambiar a una función derecha suprime los síntomas que están relacionados con la función izquierda, pero no permite llegar a una curación. Ella se siente mejor, pero no siempre está tranquila. La acción de nuestra compañera, al cambiar el AFMP (desgraciadamente, de forma inconsciente), ha confirmado una vez más nuestra hipótesis: cambiar un AFMP, o sea, modificar el equilibrio bucal, conlleva repercusiones psíquicas.

Esta presentación de un caso como el de Agnès, relacionado con la depresión, confirma la importancia del equilibrio bucal. ¡Qué trabajo de colaboración tan extraordinario se podría establecer con los especialistas!

Esta observación, hecha hace 10 años, se ha confirmado después: los pacientes que sufren de este tipo de depresión tienen una función izquierda. Sin llegar en absoluto al estado de Agnès, un buen número de personas podrían reconocerse en esta actitud ciclotímica (ver también el testimonio de Bertrand, p. 85).

— Equilibrio bucal y cáncer

Nuestras observaciones permiten establecer la relación entre el cáncer y la función izquierda (una vez más, y no lo repetiré suficientes veces, lo recíproco no es cierto, todos los que tienen función izquierda no tienen que padecer forzosamente cáncer).

— Equilibrio bucal y sida: constataciones preocupantes

Convencido de la globalidad y de la singularidad del ser humano, y de que cada cosa tiene una razón de ser, que el azar no existe, este amigo que trabajaba en el centro para jóvenes drogadictos investigó los elementos que nos pueden permitir objetivar la seropositividad en la boca. Observaba los dientes afectados, el estado de las encías, las mucosas, el sarro, etc. El estudio, hecho sobre 42 casos, no aportó nada de particular respecto al estado de los dientes, que en la mayoría estaban careados o muy careados, con una higiene que no era la principal preocupación de estos jóvenes. El estudio de su función masticatoria (mediante las AFMP) fue más concluyente: 40 de los 42 casos observados ¡tenían una masticación unilateral izquierda! Vuelvo a insistir una vez más en que el hecho de que 40 de los 42 casos seropositivos observados (algunos de entre ellos tenían el sida declarado) tenían masticación izquierda, ¡pero esto no quiere decir que todos los que mastican con el lado izquierdo sean seropositivos!

Los otros dos casos (de los 42): uno era seropositivo, drogadicto y asmático; el otro seropositivo, drogadicto y alcohólico. Estos dos jóvenes tenían una función derecha.

Los casos raros de seropositividad que he atendido en la consulta han confirmado estas observaciones hechas en el centro.

Una compañera que trabaja en una prisión ha hecho las mismas constataciones.

Como propósito inmediato tenemos el objetivo de:

- Verificar, en lo posible, si se encuentra una función derecha en la mayoría de los pacientes afectados de sida.
- Comprobar los pacientes afectados de sida y que tienen función derecha reaccionan bien y consiguen resultados que asombran a la medicina.

En los últimos quince años repetimos incansablemente estas observaciones en nuestros cursos, pero hemos tenido muy poca repercusión hasta ahora.

¿Se debe al hecho de que no vemos o vemos muy pocos pacientes seropositivos en nuestras consultas?

¿O puede deberse a que esta idea, que parece un reto enorme para el conocimiento y la investigación (y nuestros millones de euros), parece irrisoria?

Pero, ¿y si fuera una pista? ¡TRATAR, sí, tratar el desequilibrio oclusal!, ¿cuánto cuesta investigarlo? Nada.

¿Y cuándo será? Ahora mismo (no hay que esperar 10 o 15 años a una hipotética vacuna) ¿A quién le interesa?

Hace casi cinco años, conocimos a uno de los especialistas mundiales de la investigación sobre el sida. Pusimos en marcha con él un protocolo que permitía validar nuestras observaciones. A día de hoy no hemos tenido noticias suyas y esperamos aún sus indicaciones. ¿A quién le molesta esto?

Para concluir el párrafo sobre el sida, debo hacer un paréntesis y hablar de la profesora Yvette Parès [12,13] (doctora en Medicina y en Ciencias), que consagró la mayor parte de su vida a crear y dirigir un hospital de medicina tradicional en el sur de Dakar, en Senegal: el Hospital Tradicional de Keur Massar (ver el Anexo I). Se inició en la medicina tradicional senegalesa con terapeutas tradicionales de gran renombre y llevó a cabo un intenso trabajo con sus colaboradores.

Con una perspectiva de casi 20 años, los resultados son alucinantes. Todos los pacientes seropositivos que han seguido tratamientos tradicionales tienen una salud excelente y llevan una vida completamente normal (ver el Anexo I).

— *Conclusión sobre la relación existente entre el equilibrio bucal y las patologías*

Hemos repasado familias de enfermedades que corresponden a la masticación derecha y otras que corresponden a la masticación izquierda.

Las enfermedades de la función derecha son sobre todo de la familia de las esclerosis (enfermedades que terminan en-*osis*), es decir, todo lo mineralizante, como las patologías cardiovasculares (como la trombosis), cerebrales (AVC o accidente vascular cerebral), artrósicas y todos los cálculos. Hay un movimiento de retracción y de endurecimiento en estas patologías.

Por el contrario, las enfermedades de la función izquierda son inflamatorias y crean «bultos» de todo tipo (pólipos, tumores…). Encontraremos aquí los cánceres, el sida, las enfermedades ORL… A diferencia de las anteriores, hay un movimiento hacia la expansión, la deformación, el exceso (la bulimia es un ejemplo).

Los que superan y salen de su enfermedad (y sorprenden a la medicina) tienen una función inversa a la que generalmente se observa en esta patología.

Dicho de otra forma: para los enfermos afectados de un cáncer, es entre los que mastican por la derecha en quienes encontraremos la mayoría de las curaciones (porque los enfermos de cáncer mastican generalmente a la izquierda).

El mismo razonamiento se aplica a la esclerosis múltiple (donde observamos una predisposición a la función derecha). Los pacientes que funcionan a la izquierda se recuperan mejor. Algunos incluso dejan de presentar síntomas de la enfermedad.

Compensando una patología «derecha» con una función «izquierda» y viceversa, el paciente se da más posibilidades de resistir a su enfermedad.

Pero funcionar de un lado o de otro no es estar equilibrado. Es ponerse en un equilibrio inestable. Hará desaparecer de momento los síntomas relacionados con la enfermedad y algunos hablarán de curación. Podrá entonces desarrollar otra patología, totalmente diferente de la primera, y que corresponde al nuevo funcionamiento.

Pero entonces, ¿todos los que han seguido durante años un tratamiento (con medicación o psicoterapia) no están curados? ¡Y sin embargo su boca sigue desequilibrada!

¿Podemos realmente hablar de curación en este caso? ¿No estaríamos acallando los síntomas, en lugar de curar, cuando la boca sigue desequilibrada?

En la quinta parte de esta obra aportaremos las hipótesis y las evidencias que tenemos actualmente como respuestas a estas preguntas.

3. Las caries y las amalgamas dentarias

— *Las caries*

Conocemos todas las teorías que se basan en los procesos microbianos, la calidad de la saliva, el azúcar, la falta de higiene, de flúor, etc., que conllevan una menor resistencia a la caries.

Algunos casos no concuerdan con estas causas. He observado en ciertos pacientes (y todos los dentistas del mundo habrán hecho lo mismo) la presencia de algunas deformaciones bucales con solamente los dos premolares superiores careados y se me ocurren las siguientes reflexiones...

¿Creéis que estas personas se cepillan perfectamente todos los dientes y evitan estos dos premolares?

¿O creéis que los microbios son suficientemente inteligentes para organizar y atacar especialmente estos dos premolares (sin duda, porque no les caen bien)? En realidad, la ausencia de higiene y los microbios no tienen nada que ver en la causa **profunda** de la caries.

Sí, claro, esto coincide con toda la información que hemos recibido. Pero esta afirmación no la hago porque sí: es el fruto de observaciones recurrentes que me hacen reflexionar desde hace más de 20 años.

La mayoría de los indios yanomami, en Brasil, no tienen caries, y el cepillado de los dientes no es precisamente una de sus actividades cotidianas. Por otro lado, tienen un equilibrio bucal excelente: exactamente el que propone Planas. Lo podemos ver en las fotos de la segunda edición de su libro.

He llegado a ver en jóvenes de 17 y 18 años, con problemas de ortodoncia, una dentición sin caries y con solo la extracción de un 36, el primer molar inferior izquierdo, que después de muchas curas no se podía salvar.

¿Cómo podemos imaginar aquí también que los microbios ataquen específicamente este diente o que los jóvenes coman azúcar solo por este molar?

¿O que no se cepillen esa muela concretamente?

¿Y por qué esa y no otra? Parece evidente que hay otros fenómenos que pueden intervenir en el problema de las caries.

Como sucede con todas las enfermedades, la existencia de un problema en el dominio psicoafectivo debilita el sistema de defensa del organismo, lo que favorece el desarrollo de los microbios. Este diente careado nos puede permitir remontarnos al conflicto psíquico original.

El diente puede considerarse como un fusible que salta (la caries) en caso de existir un problema. En una casa, cuando un fusible salta varias veces, el electricista busca el lugar que falla en el circuito (eléctrico). El diente señala a su manera la anomalía en el circuito (humano).

En una boca, puede curarse una muela varias veces al cabo de los años, colocarle una funda o incluso extraerla (se colocará un puente), sin que el paciente ni el dentista se cuestionen el motivo.

Aquí hablamos del verdadero *por qué* que nos dirige al *para qué*.

Conocemos las respuestas a las preguntas habituales: «Porque notamos una falta de calcio, de flúor, de higiene…». Y muchas otras respuestas similares.

La profesión odontológica no tiene aún conciencia suficiente de los males profundos expresados por esta caries, incluso si resulta que existe desde hace varios años una corriente que va en este sentido.

Las caries y las demás enfermedades son el reflejo (y la consecuencia) del desorden orgánico y psicoafectivo de un individuo. Es el medio fisiológico ideal que tiene el cuerpo para expresar el problema. Todo tratamiento etiológico debería consistir también en restablecer el equilibrio de la boca.

Así pues, una caries en un diente de leche o un diente definitivo señala un problema. Es el medio fisiológico, biológico del cuerpo (el diente), que este ha encontrado para expresarse (volvemos a encontrarnos con «lo que el mal ha dicho») («le mal a dit» se pronuncia como *maladie*, «enfermedad» en francés).

¿Y qué hacemos nosotros? Tapamos el agujero. Es cierto que es un acto necesario, pero no es suficiente.

La medicina conoce la relación existente entre las patologías locales y las patologías generales. Es un hecho conocido desde hace mucho tiempo. Los médicos hablan de infección focal: una infección bucal que puede provocar patologías a distancia.

Mezel no duda en decir:

«Las enfermedades secundarias causadas por una infección focal son muy numerosas y pueden ser graves, provocar una invalidez permanente e incluso la muerte».

Pero ¿no podríamos decir a la inversa que una patología del organismo puede desencadenar también manifestaciones bucodentarias?

Sin embargo, el esquema —no podemos ver lo imposible… pero podemos ver su manifestación (esquema 2, p. 111)— propone otra vía: ni el organismo ni la boca son la causa primaria de una enfermedad, sino que es el elemento psicoafectivo.

He aquí dos ejemplos:
- Tras una conmoción grave, se desencadena en una persona una esclerosis múltiple, con manifestaciones bucodentarias y orgánicas.

- La ciencia ha elaborado numerosos test de predicción del cáncer, que se detecta en la saliva. Medimos la calcitonina * salivar, que segrega el periodonto, marcador del cáncer de la glándula tiroidea y de los riñones. La calcitonina no provoca el cáncer, pero este último produce una modificación del periodonto que segrega la calcitonina y esta marca la evolución del cáncer. En concreto, después de un impacto psicológico, se produce un desarreglo tiroideo y renal, además de una modificación del periodonto *. Existe siempre una relación entre los órganos y el elemento bucodentario, como también hay una relación entre los órganos, pero no una relación causa-efecto.

El origen es siempre psicoafectivo y el resto no son más que síntomas.

— El «espinoso» problema de las amalgamas * (o empastes)

Las discusiones sobre las amalgamas son interesantes, pero tienen un gran inconveniente: discutimos sobre el hecho de saber con qué productos vamos a silenciar a nuestros pacientes. Es cierto que es mejor hacerlo con un producto que creamos biológicamente compatible, pero lo más importante es buscar el significado de la caries. ¿Por qué existe un agujero en este diente?

Hemos recopilado dos dosieres importantes sobre las amalgamas: el primero muestra la nocividad de este producto, mientras que el segundo afirma su inocuidad y concluye que ningún estudio permite concluir que las amalgamas sean tóxicas.

Nosotros proponemos otro camino:

El hecho de cambiar las amalgamas genera a veces una mejoría del estado general y esto ocurre por dos razones:

- Una razón mecánica: cambiando las amalgamas, modificamos la oclusión pues los medios de sustitución (*composites* *, *inlays* u otros) necesitan una atención particular a nivel oclusal. Tener una oclusión equilibrada es esencial.
- Una razón fisiológica: el problema de la amalgama se basa en el mercurio liberado en la boca y que se encuentra un poco en todos los lugares del organismo.

El mercurio liberado (ver los estudios llevados a cabo sobre el tema) no se elimina del organismo. Como este último no lo digiere ni lo asimila, el hombre tiene necesidad de fuerza para «enquistarlo». En un organismo ya debilitado por una enfermedad, esta energía necesaria para «enquistar» el mercurio faltará y el mercurio será tóxico.

Por otro lado, un individuo con mejor salud poseerá todos los medios necesarios para integrar este mercurio sin ninguna consecuencia.

Si el mercurio fuera el único responsable, todas las personas que llevan amalgamas estarían enfermas.

Nos encontramos con el mismo esquema de pensamiento que para el tabaco, el azúcar, etc.: una vez más, confundimos las distintas clases de causas y sus consecuencias.

Luego… si todas las enfermedades tienen un sentido, asistimos a una verdadera revolución cultural de nuestra forma de pensar científica actual. Pero en realidad no es tan revolucionaria si nos fijamos en los textos más antiguos.

Sea lo que sea, pone en cuestión la concepción actual de la noción de curación.

4. Ejemplos clínicos

— *Caso clínico n.º 1*

Juliette es una joven de 17 años que viene a la consulta buscando una segunda opinión: «Me han dicho que tengo que sacarme las muelas del juicio, ¿qué opina usted?».

Se había levantado al amanecer y había recorrido 200 km; sus padres habían cogido un día libre. ¿Qué motivación puede hacer que una adolescente haga 400 km en total para obtener un consejo sobre un acto considerado como normal en el ejercicio odontológico cotidiano? ¿Qué hace que ciertas personas no acepten como dogma todo lo que se les dice?

La exploración de la boca de Juliette nos desvela que es una joven que no se siente cómoda consigo misma, extremadamente emotiva, ciclotímica, retraída y respiradora bucal. Sufre de una gran falta de autoestima, con resultados escolares mediocres para los esfuerzos efectuados. En dos palabras: «va tirando».

En la primera visita, veo a mis pacientes de una hora a hora y media, y les entrego un cuestionario que me envían unos días después. He aquí un resumen de algunas de las informaciones que nos envía Juliette: masticación dolorosa y agotadora, tic a la apertura de la boca en ATM izquierda, picor en manos, pies, dolor de cabeza, reglas muy dolorosas. Se siente angustiada constantemente.

Y añade: «Tengo problemas de sueño importantes; tardo horas (entre 2 y 3) en dormirme y cuando lo consigo, me muevo constantemente. En consecuencia, cuando me despierto por la mañana, estoy muy cansada. Todo esto viene del estrés. Y sin embargo, cuando estoy de vacaciones, siento los mismos problemas. Además, tengo un problema de exceso de sudoración. En verano todavía estoy peor que en invierno. Esto es muy molesto porque transpiro, aunque haga frio». Decidió comenzar el tratamiento y dos años después de iniciarlo nos cuenta esto:

Le escribo esta carta para expresarle mi entera satisfacción respecto a su método. Este me ha hecho evolucionar de forma positiva y diría incluso que he mejorado considerablemente ciertos aspectos de mi personalidad, así como resuelto algunos problemas a los que no encontraba solución. He probado muchos tratamientos para mejorar mi autoestima, mi excesiva transpiración e incluso mis problemas de sueño y no había nada que funcionara.

Como he dicho antes, este método ha sabido darme la confianza en mí misma ¡hasta tal punto que me he sacado el carnet de conducir a la primera! Cuando me presenté ante el examinador, estaba muy segura de mí misma; me sentía confiada. Este aparato me ha ayudado mucho en la preparación de la prueba de acceso a la universidad, que aprobé gracias a la seguridad que había cogido masticándolo.

Antes de conocer este método, me ponía roja por nada y no me atrevía a decir lo que pensaba. Actualmente, estos problemas, aparentemente insignificantes, van desapareciendo poco a poco. Lo mismo sucede con mi transpiración. Mi médico no encontraba ningún tratamiento para resolverla. Ahora ha disminuido. No es tan abundante ni tan molesta como antes de utilizar el aparato.

En cuanto a mis problemas de sueño, eran omnipresentes: dormía, pero me movía mucho; por la mañana estaba muy fatigada y me resultaba muy difícil levantarme. Ahora todo es diferente: duermo apaciblemente y estoy en plena forma cuando me levanto.

Ciertos aspectos de mi personalidad también han cambiado. Soy menos pesimista que antes, me tomo las cosas menos a pecho y en general me siento mejor conmigo misma.

Aún no he terminado mi tratamiento, pero gracias a estos progresos fulgurantes sé que, una vez finalizado, todos esos defectos molestos para mi bienestar darán paso a cualidades.

Como resultado de este testimonio, constatamos que la cuestión de las muelas del juicio ya no es prioritaria. Los dientes solo revelan síntomas externos, hablando a los que les quieren escuchar. Juliette lo presintió.

— Caso clínico n.º 2

Cuando Alexandre vino por primera vez a la consulta era un niño de 9 años, «redondito» y muy tranquilo, demasiado. Generalmente, se dice que las personas obesas son adorables, que te abren su corazón, pero no se menciona que viven un gran sufrimiento interior, aunque algunos intenten enmascararlo con un comportamiento engañoso.

El cuerpo no miente nunca y la observación bucal nos va a confirmar el malestar de Alexandre.

Después de varios años de tratamiento, Alexandre manifestó lo siguiente:

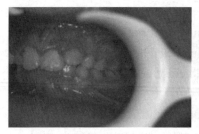

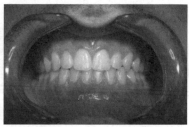

Foto 35:
Antes del tratamiento

Foto 36:
Después del tratamiento

Así percibo mi propia evolución mientras duró mi tratamiento: antes de comenzar, era obeso y, en consecuencia, no
me sentía bien conmigo mismo.

Tenía dificultades para comunicarme con los demás porque era bastante tímido y reservado, incluso retraído. No veía
más que mi físico. Cuando empecé el tratamiento, mis dientes
estaban colocados de una forma muy distinta a como están
ahora. Los dientes inferiores herían las encías superiores.

A pesar de la falta de trabajo con el activador al principio,
debido sin duda a mi falta de comprensión del tratamiento, me
esforcé y los progresos han sido constantes, no solamente en lo
referente a los dientes.

He perdido una veintena de kilos sin hacer un régimen dra-
coniano. Esto me ha permitido practicar una serie de deportes sin
ningún hándicap. El deporte ha llegado a ser mi principal centro
de interés. Liberado de mi físico, soy mucho más abierto a los
demás y me comunico fácilmente con todo tipo de individuos.

Tras el testimonio de Alexandre, presento aquí la visión de sus
padres, que han aceptado hablarnos del tratamiento:

Alexandre tenía una dentadura mal colocada con un recubrimiento importante del maxilar superior sobre la mandíbula; los incisivos inferiores le hacían daño en la encía. Además del problema dentario, estaba gordo y tenía un comportamiento muy temeroso (tenía miedo de encontrarse solo y enfrentarse a lo desconocido). El dentista le explicó la filosofía de este tratamiento, insistiendo regularmente a Alexandre sobre la importancia de la motivación para alcanzar el éxito.

Alexandre siguió el tratamiento de forma autónoma y nosotros intervinimos poco. En el transcurso de los dos primeros años, constatamos, por un lado, una evolución muy positiva de la dentadura, que se colocó en su lugar y no se produjeron caries, y por otro lado, del desarrollo físico con la modificación autónoma del régimen alimenticio, lo que dio lugar a un adelgazamiento importante y a la afición y la práctica del deporte en general y también del comportamiento social (adquisición de seguridad en sí mismo y apertura a los demás).

Actualmente, Alexandre nos parece un adolescente maduro, que se siente bien consigo mismo, activo y equilibrado, dentro de la objetividad que pueden mostrar los padres.

Este tratamiento natural que hace intervenir la consciencia del individuo nos ha seducido desde un principio en comparación con los tratamientos mecánicos (extracciones, contenciones).

— *Caso clínico n.º 3*

Testimonio de Mathieu, 18 años (empezó el tratamiento a los 11 años):

Antes de iniciar el tratamiento, sentía vergüenza de mis dientes. Mis compañeros se burlaban de mí. En esta época lo pasé muy mal. Primero, mis padres contactaron con un ortodoncista, que nos propuso un tratamiento tradicional. Pero después de una entrevista con nuestro médico de cabecera escogimos otra forma de tratamiento. Al principio, me encantaba la idea de poder mantener todos mis dientes y de no tener que soportar un aparato de hierro.

Desde el principio, comprendí que el terapeuta estaba ahí para acompañarme; incluso, podía parar en cualquier momento. Lo que me motivó era el diálogo con el terapeuta. Comprendí que era para mí y no para los demás.

También sentí una mejoría en mi vida. Sabía mejor lo que quería hacer y eso me ha ayudado en mi relación con los demás. Lo más importante es que puedo reírme de mí mismo y soy menos sensible a los comentarios de los otros.

De forma general me ha ayudado a orientar mi vida según mis sentimientos personales.

He comprendido también que a medida que mordía el aparato mis dientes evolucionaban y paralelamente todo mi cuerpo también se modificaba (mis problemas con las rodillas mejoraron).

Me fueron de gran ayuda las conversaciones con el especialista (me acuerdo especialmente de una palabra: *disfrutar*). Ahora tengo ganas de hacerlo continuamente.

He podido, por ejemplo, reflexionar sobre el destino: no sufrimos la vida, sino que nos creamos oportunidades.

En general, me apetecía mucho ir a la consulta (excepto cuando el ruido de la turbina me daba grima, un miedo que se me pasaba rápido por el ambiente).

Hoy el resultado es interesante, aunque sé que mis dientes no están perfectos y que me queda aún camino para recorrer. Pienso que el tratamiento me ha puesto en el camino adecuado y lo que tengo que hacer ahora es «disfrutar».

Este testimonio es muy interesante porque muestra el sufrimiento de los niños y todo lo «no dicho» que está enquistado en lo más profundo del ser humano desde el nacimiento. Muy pocos niños y adolescentes, que luego serán adultos, son capaces de expresar sus sentimientos tan bien como lo ha hecho Mathieu. Y sin embargo vemos que es posible.

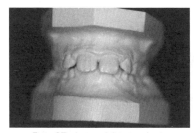 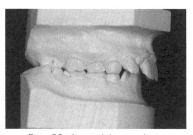

Foto 37: Antes del tratamiento   Foto 38: Antes del tratamiento

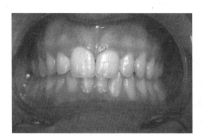 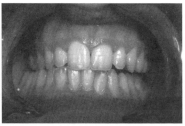

Foto 39: Después del tratamiento   Foto 40: Después del tratamiento

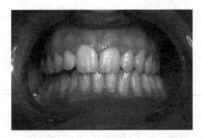

Foto 41: Después del tratamiento

Las fotos 37 y 38 son las del principio del tratamiento. La foto 40 representa el cierre normal, en el momento del final del tratamiento, mientras que la foto 39 corresponde a la lateralidad derecha y la 41 a la lateralidad izquierda. Observamos un contacto natural de todos los dientes del lado de la masticación durante los movimientos de lateralidad.

Testimonio de los padres de Mathieu:

Por lo que se refiere al tratamiento, pronto estuvo claro para todo el mundo: Mathieu debe implicarse en él, pues de lo contrario no funcionará. Nuestro papel de padres fue sencillo, pues consistió en interesarnos por todo lo que decía y sentía Mathieu en relación con su tratamiento.

Lo que hemos constatado es que Mathieu ha evolucionado con su dentición y esta, a su vez, lo ha hecho con él.

En cuanto a los estudios, hasta 3.º de la ESO Mathieu lo pasó mal en la escuela. Tuvo que repetir dos cursos. Le veíamos triste cuando sacaba malas notas, pero no se apreciaba ningún cambio de actitud para solucionarlo.

Fue él mismo en 3.º quien, con la ayuda de un orientador, escogió la profesión que deseaba ejercer. También eligió el instituto al que deseaba ir. En este momento Mathieu se responsabilizó de su formación. El gusto por el estudio se le hizo cada vez más natural, y ha superado con buenos resultados los dos exámenes a los que se ha presentado. Al mismo tiempo, sus dientes han encontrado su lugar. Solo podemos constatar que su problema de dentición se ha solucionado paralelamente a su evolución personal.

Darle la oportunidad de poner orden en su boca le ha permitido adaptarse a su vida y viceversa. Por ello, los intercambios con su terapeuta en el transcurso de las visitas fueron muy importantes para él.

He podido constatar que los tratamientos en los niños funcionan mejor si los padres se implican, incluso aunque ciertos niños consigan salir solos de situaciones complicadas. Esto varía también en función de la edad.

— *Caso clínico n.º 4*

Testimonio de Stéphanie, 13 años:

Al empezar el tratamiento, adquirí más confianza en mí misma, me expresaba mejor, decía lo que pensaba verdaderamente, pero no solo he cambiado en cuanto al carácter, sino también en el interior de mi cuerpo.

Desde que me puse este aparato, he hecho cosas que nunca hubiera hecho; he dicho las cosas como las sentía, pues antes no expresaba mis sentimientos.

Pienso que no podemos describir lo que sentimos verdaderamente, porque las palabras no son suficientes para decir lo que me ha aportado; tenéis que probar el tratamiento y después veréis.

Esta es la declaración de una adolescente de trece años que expresa, en su última frase, una verdad que me parece absoluta. Llega un momento en el que las palabras no son suficientes para encontrarle SENTIDO; nos hace falta HACER.

¿Todas las patologías diferentes que acabamos de ver se tratan de la misma forma?

Sí, con un activador de silicona como hilo conductor y verdadero motor de la autoterapia.

Si queremos realmente comprender lo que pasa, debemos empezar a entender lo que ocurre; hace falta hacerse las preguntas adecuadas e ir más allá de los primeros «por qué» con los que nos hemos contentado hasta ahora. Hemos evocado la noción de enfermedad y de curación. Continuamos por esta vía.

5. ¿Qué es curar?

Hace unos años pasó algo en mi consulta, en el espacio de unos seis meses, que podría describir como una escena en tres actos:

Acto 1 - Una niña de 12 años viene a la consulta acompañada de su hermano, de unos 20 años. Al final de la consulta, el joven preguntó sobre sus cordales, que empezaban a dolerle. Después de examinarle la boca, le expliqué que las muelas del juicio originaban un problema por falta de espacio, pues no caben en una boca que no está equilibrada. Entonces le propuse hacer el trabajo de equilibrado.

«Sí, sí, es muy interesante, pero a mi edad... si tuviera la edad de mi hermana...», respondió.

Acto 2 - Un señor de 73 años viene a la consulta por un problema de masticación debido a unas prótesis hechas recientemente y que no funcionan. Le explico de forma pormenorizada las razones por las que perdió los dientes y tuvo necesidad de llevar prótesis (boca desequilibrada). El trabajo que hay que hacer es restablecer un equilibrio bucal, equilibrio en el que la prótesis podrá encontrar su lugar. ¿Qué pensaba él?

«Sí, sí, es interesante, pero sabe usted... a mi edad... si tuviera 30 años menos...».

Acto 3 - Una señora de 45 años... adivinen ustedes la continuación: tiene dolor en la articulación, que hace clic cuando bosteza y a veces incluso cuando come. Diagnóstico: la boca no está equilibrada. Tratamiento: equilibrar la boca. Siguen las explicaciones sobre la noción de boca equilibrada. Y la mujer me responde (¡lo has adivinado!): «Sí, sí, es interesante, pero sabe usted... a mi edad... si tuviera 20 años...».

Los cambios nos parecen muy difíciles. Funcionamos con esquemas transmitidos durante generaciones, y el cambio implica la revisión de ciertas creencias, poner en cuestión nuestra educación basada en la pedagogía que enseñan las personas que tienen ellas mismas desequilibrio bucal...

Son de hecho todos los factores ambientales los que nos han modelado desde el nacimiento hasta la situación actual.

La boca solo es el reflejo. Si todas las bocas carecen de armonía, nuestras creencias no son correctas. Siempre es el mismo principio, si la pregunta es adecuada la respuesta también lo será.

Lo contrario también es verdad. Debemos revisar nuestras creencias. Percibimos que nuestro modo de funcionamiento se

basa a menudo en la relación de causa-efecto, que responde al
primer «por qué»; tenemos tendencia —como hemos visto ya— a
confundir causas y consecuencias, pero también a no visualizar las
causas primarias. Pongamos un ejemplo:

- Un hombre es víctima de una enfermedad grave. Decimos
  que «no ha tenido suerte…, es el destino, es el azar…». Pero
  ¿qué representan estas palabras? Constatamos que bloquean
  cualquier otra explicación. Se supone que son suficientes
  por sí mismas y ponen fin a estas veleidades de comprensión. Las he llamado *palabras cuchillo*, porque dejan una
  sensación de «se acabó».
- La palabra *azar* no existe en la lengua hebraica antigua.
  Apareció después: ¿y si estas palabras *azar, destino, suerte,*
  etc., hubieran sido inventadas por los hombres para no
  dar respuesta a los verdaderos «por qués»? ¿Y si el hombre
  hubiera aprovechado para inventar otras palabras y así no
  hacerse demasiadas preguntas?

Imaginémonos ahora que la suerte o el destino (como el azar)
no existieran. Volvamos al señor de antes, víctima de esta enfermedad grave: ¿y si la **verdadera** razón de su enfermedad fuera el
tomar consciencia del *por qué-para qué* le afecta? La enfermedad
no sería más que el agente desencadenante.

Es una hipótesis, por supuesto, una simple hipótesis que presenta ahora mayor interés. Porque la forma de reflexión es totalmente diferente, únicamente por el hecho de cambiar el punto de
vista. Como estamos delante de una nueva forma de pensar (que
no ha llegado aún al estadio de creencia), lo denominamos *hipótesis*. ¿No es buena la hipótesis porque no tengamos la respuesta?

Tratemos de mantener una actitud científica rigurosa, es decir, no nos cerremos la puerta, sino que aceptemos permanentemente el «¿por qué no?». Experimentemos y analicemos la hipótesis. Si esta suposición es real, ¿que implica? Bueno... es un cambio radical, pero muy molesto para nuestras certezas habituales.

Intentemos ahora superarlas y si siguen sin parecernos correctas, eliminaremos esta nueva forma de pensar.

Retomemos el ejemplo del hombre gravemente enfermo no por azar sino porque para él es hora de tomar conciencia de lo que «el mal ha dicho»: repetíamos hasta el infinito este modelo explicativo para todo lo que nos rodea. Ello nos llevaría a emitir otras hipótesis para todas nuestras ideas preconcebidas y firmemente aprendidas, hipótesis que ya no nos permitirán cerrar la puerta por las «palabras cuchillo».

Veamos concretamente lo que pasaría:

- Tiene la gripe porque ha cogido un virus, pero y ¿todos *los torpes que no lo han pillado*?
- Nos responden: «Son más resistentes».
- ¿Es en función de mi resistencia como termino cogiendo el virus?, pero entonces ¡es mi estado lo que importa, no el virus!
- ¿Y si la actividad del virus no fuera el resultado de la debilidad de mi organismo (debilidad física, biológica, emocional, psíquica)? Más que buscar a toda costa y únicamente matar al virus, reforcemos el terreno, el individuo (lo hemos visto ya con el tabaco).

Pero son diametralmente opuestas, porque el virus ya no es la causa de la enfermedad, sino el agente revelador de la debilidad del cuerpo. Llega a ser una consecuencia. Desde este punto de vista, nos hace falta buscar en otra dirección la verdadera etiología de las enfermedades. Contestarle a un enfermo «es viral» no es suficiente. ¿Es lo mismo para el sida? ¡No puede ser de otra forma!

Pensamos que esta enfermedad es demasiado grave como para vincularla con la gripe y creemos entonces que no es de la misma categoría...

Lo más extraordinario es que ya sabemos todo esto. Cuando llega una epidemia de gripe no todos acabamos afectados. Sabemos bien que ciertas personas resisten más que otras. Lo mismo sucede con el sida. Ciertas personas seropositivas no desarrollan jamás la enfermedad.

Y ¿qué hacemos actualmente para prevenir estas enfermedades? Pues vacunarnos.

No queremos verlo. Pero ¿por qué? ¿Por miedo a estar mejor? Puede ser...

Porque para estar mejor hay que cambiar. Si, cambiar el modo de funcionamiento que nos ha llevado a nuestro estado actual y a la enfermedad, que aparece para decirnos de nuevo: «Lo que el mal ha dicho».

Si comprendo el mensaje, el mal no tiene nada más que decirme y me puedo curar. Es una toma de conciencia con relación al malestar.

¿Os acordáis? Habíamos hablado de personas afectadas de cáncer en fase terminal y que escribían un libro diez años después. Todas estas personas tenían algo en común: habían cambiado de vida modificando radicalmente sus hábitos.

El hombre posee en él mismo todas las respuestas a sus enfermedades, pero aún no lo sabe

¿Qué fuerzas intervienen que nos impiden en este punto ver cómo funcionamos y cambiar? Por el momento, no tengo ninguna respuesta científica.

Pero ¿por qué parece tan difícil el cambio? Pongamos por ejemplo una persona que sufre de depresión nerviosa. Su entorno intenta a menudo ayudarla diciéndole que se mueva, que reaccione, porque se siente impotente ante esta enfermedad tan invalidante y tiene miedo. Sí, miedo de que todo «le caiga encima» un día y no pueda hacer nada.

Pero la persona deprimida no puede moverse. Todo el mundo lo sabe: querría, pero no PUEDE. Esta persona no es estúpida y es consciente de su malestar. Ve en qué estado se encuentra.

A veces vemos personas depresivas que no tienen ninguna razón «aparente» para sufrir depresión, pues todo está bien en su vida. No tienen ninguna preocupación exterior y, sin embargo, en su interior grita la desesperación. ¿Qué las empuja a este funcionamiento destructor? El intelecto dice lo contrario, ve su estado, comprende todos los consejos de los demás, pero el cuerpo no le sigue.

Con este ejemplo, tenemos una prueba flagrante de la insuficiencia de la comprensión intelectual.

Retomemos ahora esta pregunta: «¿Por qué es más frecuente la tristeza (o la melancolía) que domina a costa de la alegría?» Podemos contestar:

«Porque nos negamos a cambiar».

Y la verdadera y gran cuestión es: «Pero ¿por qué este rechazo?».

La respuesta a esta cuestión, con los actos que implica, nos hará dar un gran paso hacia la comprensión del funcionamiento del ser humano.

Volvamos a la boca. Todas las bocas desequilibradas señalan el malestar del hombre. Al no ser este último siempre consciente, el cuerpo físico, nuestro más fiel amigo, ha creado la enfermedad para espabilarnos e incitarnos a cambiar.

¿Es para esto para lo que sirve la toma de conciencia de los síntomas de la enfermedad?, entonces todo este proceso habría podido quedarse en el estadio de la adaptación inconsciente (ver la «Introducción»).

Pero aún nos falta entender la enfermedad en este sentido, porque si la consideramos como un ataque exterior, no nos dará ninguna explicación y nosotros utilizaremos entonces las «palabras cuchillo» para darnos seguridad. La boca desequilibrada también es una enfermedad, aunque no la tengamos catalogada como tal, porque ello depende del lugar donde situemos la frontera entre la adaptación y la enfermedad.

— *Entonces, ¿qué es en realidad curarse?*

Tomemos un mango: ¿cómo llega a nuestro plato? Es gracias al mercado que está en nuestra calle, al avión que nos lo trae del otro lado del mundo, a la gente que lo ha puesto en una caja, a los que lo han recogido, a los que lo han cuidado, a los que lo han plantado. Pero este árbol plantado viene de una semilla de un mango, la cual viene de un árbol, el cual viene… Habéis comprendido sin duda adónde quiero llegar… porque, evidentemente, para degustar un mango, ¡no hemos tenido necesidad de pensar en todo esto!

Pero cuando un paciente viene a la consulta, debemos tener en consideración todas las cuestiones que le han traído a nosotros a buscar ayuda.

«Soy esquizofrénico. Mi vida es un infierno. Y sin embargo, estoy seguro de que la vida no es esto».

Es verdad que la medicina proporciona medicamentos para hacer callar las angustias de estos pacientes. Y las psicoterapias intentan tener en cuenta todos sus factores.

Pero ¿cómo ir directamente a la fuente? ¿Cómo llegar hasta la primera semilla de mango plantada? Parece difícil, pero ¿es una buena razón para ahorrarnos este planteamiento? Igual que el mango es la suma de los árboles sucesivos que lo han llevado hasta nosotros y de la huella dejada por todos los que se han ocupado de él, el paciente lleva la huella de su experiencia y de la historia de los que proviene. El resultado de estas dos corrientes se denomina *la personalidad*. Y de esta última emana el funcionamiento psicoafectivo del hombre.

Aún no tenemos el poder de acceder a la totalidad de la historia del paciente. Pero contamos con el privilegio de leer en su boca las consecuencias.

Si la historia de un paciente se expresa en lo físico (los dientes), no podemos hablar de curación hasta que los dientes no se hayan colocado armoniosamente y de forma fisiológica, es decir, sin recidivas. ¿Cómo hablar de curación, como sinónimo de armonía, si la boca manifiesta una falta de armonía?

Sin embargo, podríamos afirmar que todos los días las personas se curan de todo tipo de enfermedades. Entonces yo haría simplemente la siguiente pregunta: «¿No hemos tapado los síntomas? ¿Cómo podemos hablar de curación si en la boca quedan marcas de los signos del problema?».

Pienso que la curación es posible solamente cuando el paciente, mediante una toma de conciencia interior, actúa y toma el control de su vida. El hombre se convierte en su propio médico interior y accede a lo que es su objetivo: LA LIBERTAD.

«El mejor médico para el hombre es él mismo, y el médico es su medicamento» (Paracelso).

El resultado práctico visible de este despertar se manifiesta porque la boca se equilibra. Todos los testimonios de los pacientes lo confirman.

La enfermedad es una necesidad y la curación, una obligación. Es el funcionamiento fisiológico de la vida. Es la normalidad. Y todo ello debería desarrollarse por debajo del nivel de la consciencia.

Solamente cuando se declara la enfermedad, tenemos la **elección** permanente entre las dos alternativas: curarnos o continuar sufriendo. La enfermedad ya no es una fatalidad que cae del cielo en forma de destino, de mala suerte o de virus. Entonces, ¿qué es curarse?

Curarse es utilizar sistemáticamente los propios procesos de autocuración, ya sea mediante la adaptación inconsciente o por el papel de la enfermedad, que hace tomar conciencia de la solución interior y pone en marcha la voluntad y el cambio del hombre.

Tener salud es poseer un potencial permanente de curación.

Entonces, ¿qué podemos hacer como dentistas para despertar a nuestros pacientes a estas nuevas situaciones?

La armonía está representada por la boca equilibrada. La ilusión es el desequilibrio bucal. Tratar la boca es competencia del dentista.

Propongo a mis compañeros y compañeras que, cuando tengan delante de ellos a una persona cuya boca clame su desequilibrio, la observen bien, y así podrán conocer su historia.

Para despertar a esta lectura, presentaré en la cuarta parte los dientes como un lenguaje universal accesible a todos.

6. Conclusión

Maurice, el paciente que sufre de esquizofrenia deficitaria (p. 131), me preguntó:

> Usted dice que la boca y los dientes son una expresión, un reflejo de la vida psicoafectiva y que curando el desequilibrio bucal, el paciente va mejor, que curando la consecuencia, hay una acción sobre la causa. ¿Piensa que, equilibrando mi boca, puedo curarme de mi esquizofrenia?

Sí, sé bien que presentar todos estos casos clínicos que ponen en evidencia los efectos psíquicos y físicos a menudo espectaculares del equilibrio bucal obliga a una verdadera revolución intelectual, pero es de lo que se trata.

Esto se entiende mejor si miramos el esquema 2 (p. 111).

Siguiendo el sentido de las flechas, partimos del psiquismo (la causa) para llegar a la boca (la consecuencia).

En efecto, cuando decidimos colocarnos un aparato en la boca, ponemos en marcha nuestra fuerza de voluntad y proclamamos: «Quiero hacer esto por mí». Cambiamos nuestra forma de actuar aceptando pararnos para mordisquear un trozo de caucho. ES DECIR, EN NUESTRO MODO DE VIDA ACTUAL, PARARSE PARECE MUY DIFÍCIL; ESTE VA A SER SIN EMBARGO EL PRINCIPIO DEL CAMBIO.

El activador trabajará directamente en todas las funciones neurovegetativas (en algunas consecuencias de la disfunción, así como en el sistema nervioso central), pero lo va a hacer mediante nuestra toma de conciencia, o sea, de nuestra psicoafectividad (la causa).

Podríamos añadir a nuestro esquema una flecha relacionando la psicoafectividad con la boca, pero esta flecha se puede colocar solamente si el paciente despierta a esta nueva forma de pensar. Si este aparato se utiliza únicamente de forma mecánica, la terapia se debilitará rápidamente.

Existe un segundo punto también importante: la relación íntima entre causas y consecuencias. La estructura bucal (CON-SECUENCIA) refleja la psicoafectividad (CAUSA) y los límites de todas las funciones que se desencadenan. Pero las estructuras, si no se hace nada con ellas, van a mantener esta psicoafectividad y las funciones asociadas que están fallando. Es un verdadero círculo vicioso. La función (CAUSA) crea la estructura (CON-SECUENCIA), y la estructura mantiene la función. He aquí por qué es necesario trabajar más con la psicoafectividad que con la estructura bucal.

En el esquema 2 (p. 111) podríamos añadir flechas de puntos que partirían en sentido inverso, pero también es posible solo si el paciente lo decide.

Estamos frente a una verdadera autoterapia acompañada, porque la intervención del dentista será siempre indispensable. Nos encontramos, igualmente, ante un **tratamiento global**.

El fin del testimonio de los padres de Mathieu (p. 151) ya había subrayado esta dimensión de nuestro tratamiento: «Darle (a Mathieu) la oportunidad de poner orden en su boca le ha permitido adaptarse a su vida y viceversa. Por ello, los intercambios con su terapeuta en el transcurso de las visitas fueron muy importantes para él».

Veamos ahora el testimonio de Mathieu a los 27 años (solo cito algunos pasajes):

En la vida cotidiana tomo las riendas; me atrevo a decir SÍ o NO. Tengo la impresión de estar más en contacto con los elementos que me rodean: está lo que tengo en la cabeza y lo que me rodea. Acepto más fácilmente las diferencias de comportamiento, de opinión (…) la acción de poner en marcha mis ideas, expresarlas, confrontarlas a la realidad.

He aprendido a amarme, a conocerme. Cuando me equivoco, me perdono mucho más fácilmente.

Los periodos de tristeza duran menos tiempo, los admito y no dudo en hablar de ellos. Expresar las palabras, las emociones me parece más fácil.

Me cuido y cuido mi imagen: me gusta ir bien vestido, oler bien (…) soy consciente de cómo ando, siento mis pies, camino de forma diferente.

Tengo más confianza en mí mismo (…) me siento menos impresionado por las personas que tienen importancia para mí.

Me formo mi propia opinión sobre los temas de la vida. Busco mi percepción de las cosas. A menudo no es fija y evoluciona con las conversaciones y el tiempo.

Me atrevo a ser yo, a decir las palabras como vienen, tengo menos miedo de no complacer. A menudo me sorprendo del efecto positivo que se produce.

Estoy menos atado a mi familia (distancia)… tengo más confianza en la vida (hago lo que siento y le dejo hacer a la vida).

Soy concreto, preciso en mis actos… me siento más centrado y me doy cuenta más fácilmente de las situaciones en las que me equivoco.

Este testimonio confirma los efectos muy positivos, en el tiempo, del tratamiento y no hace sino estimular nuestra pasión en esta vía de investigación.

La dentosofía está fundamentada en las observaciones y en los experimentos que llevamos a cabo desde hace veinticinco años. Pone de manifiesto **correlaciones sistemáticas entre el equilibrio de la boca y la notable mejoría tanto del estado psíquico como del modo de actuar de los pacientes.**

4
LA LECTURA DE LOS DIENTES: UN LENGUAJE UNIVERSAL

I. EL LENGUAJE DE LOS DIENTES SE APRENDE

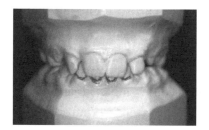

Foto 1: Antes del tratamiento

Volviendo hoy a los modelos de la boca de mi hijo Claude (foto 1), me pregunto lo que hubiera dicho yo en 1982. En todo caso, lo siguiente:

- Los incisivos superiores recubren de forma excesiva los de abajo: presenta sobremordida.
- Existen espacios entre los incisivos laterales de arriba. El incisivo lateral superior izquierdo está un poco inclinado. Si lo miro un poco más de cerca, puedo suponer que los caninos se quedarán bloqueados. Por este motivo, entre

otros, para dejar lugar a los caninos, considerados como dientes «prioritarios», es por lo que los especialistas de entonces prescribieron la extracción de los cuatro premolares. Si yo hubiera estado más atento en aquel momento, habría podido percibir que existía un desgaste de los dientes de leche muy pronunciado para un niño de nueve años. Pero esto se me escapó. Incluso aunque lo hubiera constatado, no habría deducido nada significativo.

Quince años más tarde, en el transcurso de uno de nuestros cursos, este es el análisis que un compañero ha podido hacer de los mismos moldes de yeso y de la radiografía panorámica:

Este niño posee una fuerza interior enorme, pero sufre el peso del pasado. Esto entraña un funcionamiento cerebral intenso que puede llevar hasta la ansiedad.

Es un niño hipersensible, introvertido, con una dificultad de expresión importante. Guarda todo en el interior y tiene dificultades de adaptación a su entorno social, lo que le causa mucho sufrimiento. Todo lo que ha hecho hasta el momento ha sido con el objetivo de complacer a su padre, aunque quiera (en su inconsciente) distanciarse del proyecto paterno. En casa está sujeto a una gran disciplina, que a él le parece inflexibilidad y que es consecuencia de la ausencia del padre (podemos estar físicamente delante de un hijo sin estar con él).

Este niño es muy bueno y sufre exteriormente esta situación sin rechistar, pero le corroe interiormente y lo que no puede expresar con palabras va a decirlo con sus males (pesadillas, por ejemplo).

Este colega no sabía que hablaba de mi familia y que el padre... era yo. Esto le fue revelado después para probar hasta qué punto su análisis había sido exacto, porque él conocía a Claude desde hacía diez años. Debo precisar que no puedo variar nada de esta descripción, porque todo es correcto y exacto.

Estos dos análisis se realizaron sin tener necesidad de ver a la persona. Los modelos de yeso de la boca han sido suficientes.

Ambas observaciones ponen de manifiesto la posibilidad de analizar una misma boca desde dos puntos de vista distintos. Las dos lecturas son acertadas: la primera habla del cuerpo físico y la segunda nos invita a entrar en el dominio psicoafectivo.

En esta cuarta parte, mi objetivo es mostrar hasta qué punto el lenguaje de los dientes es un alfabeto universal, o hasta qué punto permite una comprensión del funcionamiento psicoafectivo del hombre.

El aprendizaje de este alfabeto necesita dos cualidades. Es importante aprender a pararse a mirar; a ser más atento y más respetuoso del detalle. No hay interpretación ni «me parece» ni «creo» ni «tengo la intuición»... es suficiente con observar la boca y escuchar lo que tiene que decirnos. Este alfabeto está al alcance de todos.

Pero no es suficiente. A mi entender, solo la dimensión terapéutica es esencial. Y al ser este alfabeto universal únicamente un medio de diagnóstico, debemos utilizarlo para «ponernos en marcha» y llevar a cabo los actos necesarios.

La aplicación de esta nueva visión ha revolucionado el ejercicio de nuestra profesión. Los dientes, considerados hasta ahora como pedazos inertes plantados en la boca, cuya sola utilidad era hacer sufrir a los pacientes y accesoriamente permitir comer... o eventualmente producir una bonita sonrisa, ahora se revelan como letras animadas, piezas de un puzle magnífico: la vida.

«Objetos inanimados, ¿tenéis alma?» (Lamartine).

El propósito de este capítulo no es abordar todas las nociones necesarias para el dominio de este lenguaje, tal como lo desarrollamos en nuestros seminarios, sino dar una percepción precisa y fiel de esta guía y mostrar el posible uso en el acompañamiento del paciente a lo largo de su tratamiento.

El aprendizaje de esta lectura ha permitido a nuestro compañero hablar del pequeño Claude únicamente a partir de la observación de los modelos de yeso de su boca.

Como si fuera un niño de 6 años que aprende a leer, se tomó el tiempo necesario para asimilar este alfabeto que permite comprender la boca. Esto no necesita ninguna facultad intelectual y puede enseñarse a cualquiera.

De nuestras observaciones hemos obtenido relaciones que son **reproducibles sistemáticamente**. No resultaría útil proporcionar aquí la lista exhaustiva de las características de diversas bocas, porque esto no os daría la síntesis única que nosotros hacemos para cada paciente, del mismo modo que la lista de palabras de una lengua no nos enseña a comprenderla.

Pero, a pesar de todo, para que mis propuestas sean más claras, he aquí algunos elementos que permiten leer una boca.

En el aprendizaje de este alfabeto, hay algunos signos importantes. Cada diente tiene un significado psicológico. Y lo mismo sucede con la posición de cada maxilar y con la relación de los maxilares entre sí. La presencia de uno o varios de estos signos deja presagiar la energía que invertirá el paciente en su tratamiento.

– Maxilares anchos o estrechos.
– Mandíbula cuadrada u oval.
– Presencia o ausencia de caries.

- Presencia o ausencia de prótesis.
- Grado de desgaste de los dientes.
- Posición de los dientes individualmente y de unos con relación a otros.
- Presencia o ausencia de dientes incluidos *.
- Grado de retracción de las encías.
- Posible existencia de espacio entre los dientes.
- Diferentes anomalías del plano de oclusión en los tres sentidos del espacio.

Todos los fenómenos existentes en una boca se combinan de forma única en cada paciente. La síntesis de estas informaciones nos permite definir la problemática de cada ser humano con precisión. Es la visión global de la boca del hombre la que desencadena la lectura, igual que entendemos el sentido de una palabra sin necesidad de repasar la ortografía de las letras. Podemos así desencriptar con precisión lo que los pacientes expresan a través de sus desórdenes dentarios **y medir la evolución del tratamiento a medida que se equilibra la boca.**

II. LA HISTORIA DE LOS DIENTES

Nada de lo que le ocurre a un diente es producto del azar, ya sea una caries, una malposición, una ausencia, un accidente, etc. Igual que la enfermedad, en la boca todo tiene un sentido, y esto nos lleva de nuevo a la cuestión de «**para qué**».

Paul, de 7 años, está en tratamiento en mi consulta desde hace algunos meses. Un día, se cae en el patio del colegio y se rompe el incisivo central superior derecho. Su entorno dice: «No ha tenido suerte…», «es patoso…», «es el azar…», «sus compañeros le han puesto la zancadilla…».

¿Alguna de estas explicaciones aporta una respuesta a la situación de Paul? ¡NO!

Constatemos los hechos, emitamos una hipótesis y si se confirma sistemáticamente podremos enunciarla como una ley.

¿Por qué razón Paul se ha fracturado un diente? ¿POR QUÉ? ¿Y por qué este diente y no otro?

Hipótesis: la caída o la caries son los medios que se ponen en marcha para llegar a la finalidad. Paul se cayó porque era necesario que fuera así. Como vimos con los moldes de Claude, según una lectura, la caída sería la causa física de la historia de Paul, y según otra lectura, la caída sería la consecuencia de la historia de Paul, es decir, de su estado psicoafectivo. Es una forma, entre otras, que ha escogido el inconsciente de Paul para expresarse.

Pero Paul ya ha expresado su sufrimiento desde hace tiempo, muchas veces y de formas diferentes. Como nadie se ha dado cuenta, Paul llega esta vez a romperse este diente. Continuará de todas las formas posibles hasta encontrar una solución. Así, siempre desde el punto de vista de esta lectura, la fractura del incisivo central superior derecho es la consecuencia de un conflicto psicoafectivo de Paul.

En efecto, la relación con su padre es tan inexistente afectivamente, tan conflictiva, que Paul no ha tenido más remedio que encontrarse en la situación de romper esta imagen del padre en él. Las situaciones de la vida que han implicado la fractura del diente son consecuencias y no causas, incluso aunque a primera vista la única razón válida del accidente parezca ser la caída.

Pero resulta que el padre de Paul, sensible a la mejoría del estado de su hijo, se ha interesado por su tratamiento y poco a poco ha aprendido este lenguaje. Esto le ha permitido tomar conciencia del sufrimiento de su hijo, pero también de su propio sufrimiento, existente ya en él desde su nacimiento y expresado, entre otras maneras, por su boca. Encontraremos en este los estigmas de una carencia afectiva.

Es importante recordar aquí que no hay víctima ni culpable, solo dos seres humanos que tratan salir de conflictos profundos que sufren desde siempre. Porque el hombre reproduce sus conflictos de generación en generación hasta que un día se solucionen.

La fractura del diente de Paul se convierte en un verdadero regalo para toda la familia, porque les proporciona un auténtico despertar y la posibilidad de cambiar su modo de actuar.

En el mismo sentido, Diana, una joven de 21 años, ha tenido una infección en el incisivo lateral superior izquierdo. Esto ocurre frecuentemente: es algo normal, salvo que Diana expresa a través de este diente el rechazo de su feminidad.

Cada diente tiene una razón de ser y un significado profundo. Por ejemplo, los incisivos centrales superiores derechos e izquierdos representan respectivamente los arquetipos masculino y femenino, es decir, por regla general, el padre y la madre si estos han sido los educadores. Paul ha roto el arquetipo masculino fracturándose el diente.

Los incisivos laterales superiores derechos e izquierdos corresponden a la forma en que la persona se sitúa con relación al arquetipo masculino y femenino.

Si el incisivo lateral superior izquierdo rebasa el incisivo lateral superior derecho, estamos en presencia de un niño que afirma más precozmente su personalidad en relación con su madre (lo femenino) que con su padre (lo masculino).

Si este diente se queda bloqueado, es que el niño no quiere el lado femenino que se le propone.

Si el diente está en el interior o en el exterior de la arcada, el niño sufrirá o se rebelará, pero no estará en armonía con la educación que propone la madre.

De esta forma podemos proceder a la lectura de todos los dientes. No vamos a desarrollarlo aquí, porque la complejidad de este tema merece que se trate, de forma independiente, en un libro entero. Y por otro lado no creo que convenga hacerlo, porque como afecta a la integridad profunda del ser humano, llegados a este punto no son suficientes las palabras y hay que pasar a otra visión, interactiva, de argumentación verbal. Por ello, el aprendizaje se practica en los cursos donde tiene lugar un diálogo y un intercambio de información, que son indispensables.

Pero digamos, para resumir que, para aprender a leer una boca, no es suficiente solo la posición de los dientes: hay que considerar también el estado de forma y de deformación de los maxilares y todos los signos reaccionales.

Al cabo del tiempo y de nuestras observaciones clínicas, hemos podido constatar la existencia de tipologías bucodentarias relacionadas con determinados perfiles psicofisiológicos. Las hemos clasificado en cuatro grandes tipos que he denominado *autopistas*, porque nos las vamos a encontrar en todo el mundo. Después podemos afinar los análisis de las bocas y pasar a las rutas nacionales y las provinciales, para llegar a los senderos más pequeños. La lectura se vuelve extremadamente precisa.

Las autopistas:

- La sobremordida (boca que se parece a la de Francis, foto 20, p. 44), con función derecha.
- La sobremordida con función izquierda.
- La mordida abierta (boca parecida a la de Annie, foto 25, p. 55), con función derecha.

– La mordida abierta con función izquierda.

Añadimos a esos análisis todos los signos de reactividad que permiten modular estos perfiles básicos. Además, afinamos nuestros comentarios teniendo en cuenta si se trata de un hombre o de una mujer.

Para documentar todo lo anterior, voy a tomar el caso de una de mis pacientes.

Cuando Louise decide iniciar su autoterapia, sus hijos ya están en tratamiento. Es una mujer de 42 años, médico de profesión. En la primera visita me expreso siempre en función del paciente. Nunca digo las mismas palabras. No puedo hablar de una consulta tipo. No obstante, podemos observar las características generales que corresponden a esta boca.

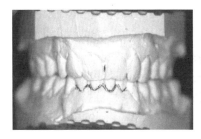 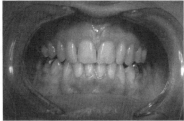

Foto 42: Antes del tratamiento   Foto 43: Tres años después

En la foto 42, he trazado a lápiz el límite encía-diente llamado también *cuello del diente*. Midiendo el espacio existente entre este cuello y el borde de los incisivos superiores, obtenemos unos dos milímetros. Si realizamos el mismo ejercicio en la foto 43, constatamos un aumento de este espacio. La sobremordida una vez más se desbloquea. No es necesario que el movimiento sea enorme (como para David, fotos 14-17, p. 40) para que la mejoría aparezca en todos los aspectos.

Características generales de una sobremordida con función derecha:

173

- **Temperamento nervioso, colérico.**
- **Introvertido:** interioriza sus emociones y las expresa difícilmente, va de extremo a extremo.
- **Hipersensible.**
- **Se puede confiar en él.**
- Eternamente insatisfecho.
- **Rigidez psicológica**, testarudo, sabe defender sus ideas, convincente, determinado.
- Admite difícilmente otra opinión distinta de la suya.
- Pensamiento vivo, inteligente pero frío.
- **Ansioso:** inspira mucha seguridad, pero de hecho le falta confianza.
- Le importa mucho lo que piensen los demás; piensa que tiene que ser brillante.
- **Hombre o mujer responsable:** todo debe ser perfecto, todo tiene que ocurrir como estaba previsto.
- **Tendencia a la manía**, directivo, organizado, con prisas, activo, autoritario, cerebral, racional.
- **Sufre por su pasado** (sobremordida): se deja devorar por su pasado y actúa de forma irreal proyectándose hacia el futuro.

He marcado en negrita lo que hemos llamado *las autopistas*, es decir, las características sistemáticas de la sobremordida en función derecha. A estas observaciones hemos añadido precisiones propias de la señora con sobremordida y función derecha:

- **Búsqueda de la mirada del padre** para tener amor; si no hay este retorno, busca la compensación financiera y material (incluso en la vida de pareja).
- **Esperaban que fuera niño en su nacimiento.**
- Quiere ser como su padre espera.

- **Es muy competente a nivel profesional,** pero le falta confianza en sí misma porque funciona solo para complacer al «hombre».
- **Directiva,** puede dirigir un equipo.
- **Siempre está a la defensiva porque tiene miedo a equivocarse.**
- Dirige, pero es dependiente, porque actúa para complacer a los hombres (al padre).
- Mujer activa, de difícil acceso (aparentemente).
- **Seduce por el intelecto y la mente,** pero duda como mujer que es.
- Más madre que mujer en pareja.
- Prefiere la compañía de los hombres y tiene tendencia a ejercer profesiones masculinas.
- **Hija, mujer, esposa, madre de deber:** todo está pensado, organizado, noción de sacrificio; intenta ser la madre tal como debe ser.
- **Educa, pero le falta instinto maternal.**
- Más padre que madre con sus hijos: es la autoridad, pero de hecho es la niña pequeña de la familia, con tendencia caprichosa.
- Como hija, conflicto con la madre si esta tiene función derecha; actitud directiva y protectora si la madre está en función izquierda.

La presencia de signos reactivos, como los dos incisivos laterales superiores que se sitúan hacia delante, augura una fuerza de rebelión interior tanto contra lo masculino como contra lo femenino. Es el signo interior del rechazo a aceptar el proyecto establecido por sus padres, es decir, entre otras cosas su forma de educar es muy rígida.

Por otro lado, como ella ha nacido mujer, va a funcionar en un modo masculino, porque quiere ser reconocida por su padre. Esto entraña un comportamiento de chica poco femenina, en oposición a su naturaleza profunda. Va a sufrir conflictos interiores que provocarán caries continuas (signos de reactividad); no quiere esta forma de vida y lo dice a su manera.

Las caries, ya lo hemos comentado, son como fusibles para evitar apagones. Si estos avisos no se atienden, el ser humano crece con sus «lo que el mal ha dicho» no comprendidos y necesitará más «mal», o sea, más enfermedades de repetición para que un día haga caso finalmente a lo que le dicen.

Además, como médico, si volvemos al caso de Louise, esto aún es más complicado, porque un médico no puede estar enfermo. Para todo el mundo se supone que tiene que curar. Así que cuando sufre una patología o un malestar, a menudo lo minimizará, porque no se le ha dado el derecho a estar enfermo y menos a saber entender su enfermedad.

Louise :«Me parece que estoy menos inquieta que la media de las personas que trato y no estoy nunca angustiada».

Es cierto que el encuentro sistemático con la enfermedad del otro permite relativizar el propio malestar; por ello, atender a los pacientes es un inicio de tratamiento para todo terapeuta.

A medida que se regulariza su sobremordida y experimenta, a través de la masticación, su lado izquierdo, todas las características de Louise descritas anteriormente se atenuarán y fundirán progresivamente hasta equilibrarse.

Testimonio de Louise antes del inicio de su tratamiento.

Nos describe primero a su hijo (foto 44):

Niño cerrado, muy inquieto (llora por la mañana si tiene miedo de enfrentarse a una dificultad en el colegio), no expresa siempre sus inquietudes, que pueden manifestarse por enfermedades (fiebre).

Se hace preguntas metafísicas como «¿para qué sirve vivir?».

Observa a la gente antes de entrar en contacto con ellos.

Hay que señalar la similitud entre la boca de Louise (fotos 42, p. 173 y 45) y la de su hijo (foto 44), con un recubrimiento excesivo de los dientes de arriba e incisivos laterales superiores hacia delante (fotos 44 y foto 45 madre).

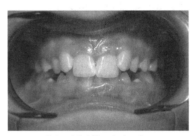

Foto 44: Hijo de Louise   Foto 45: Maxilar superior de Louise

Tenemos la costumbre de relacionar el parecido con la herencia, ¿por qué no? Si esto fuera cierto, no habría ninguna posibilidad de cambio y no hubiéramos podido ver la boca de Louise y la de su hijo modificarse en el transcurso del tratamiento hasta el punto de no parecerse en nada. Así pues, con esta noción de herencia, utilizamos de nuevo una nueva «palabra cuchillo» que no sirve para nada.

De hecho, esta similitud corresponde a un funcionamiento psicoafectivo problemático de la madre y transmitido por la educación que le ha dado a su hijo desde el nacimiento.

En este ejemplo hemos contemplado solo la relación madre-hijo. Es evidente que el niño también ha estado impregnado del funcionamiento psicoafectivo del padre y de todos sus estímulos ambientales adquiridos después de venir al mundo.

Los padres solo pueden reproducir y dar lo que ellos viven y experimentan. No hay que sentir ninguna culpabilidad al respecto, porque creemos hacer lo correcto y lo realizamos con todo el amor del mundo. Pero no podemos inventar lo que ignoramos. Todo esto sale del dominio del inconsciente, aunque podemos llevarlo al nivel de la consciencia intelectual, con el fin de iniciar un cambio en nuestro modo de actuar hacia nosotros mismos, en un primer momento, y dar a nuestros hijos la posibilidad de hacer lo mismo.

Louise prosigue:

A su edad yo era igual que él. Con una infancia no tan fácil, estoy contenta de ser adulta y avanzar en la vida. Tenía que haber sido un niño y toda la vida he estado esperando transformarme en hombre.

Tuve mi primera regla a los 16 años, en el bachillerato.

Mi madre: parecía que estaba ahí, pero no entendía nada. Era poco cariñosa; me ha dicho y repetido toda mi infancia que yo era descarada, lo cual era posible y, sobre todo, complicada e histérica, lo que era falso. No era posible hablar con ella porque era muy cerrada, tenía ideas muy retrógradas y sus mecanismos de defensa eran de cemento. Es una madre poco femenina, como son también mis tías.

Mi padre: amor ausente, violento. Volvía cansado del trabajo donde había tenido que hacer un esfuerzo para ser amable con sus clientes. Muy exigente, no soportaba ser molestado por sus hijos (durante el día, la noche, en la mesa…); estaba allí para castigar. Nos pegaba a menudo. No recibí ningún cariño por su parte; le di un beso por primera vez en mi vida hace dos o tres años y casi tuve la impresión de que lo violaba. No se podía hablar con él. De hecho, nos escondíamos cuando volvía a casa. Yo era muy buena estudiante en el colegio, probablemente para evitar los problemas en casa.

Nos trataba de usted, a mi hermano y a mí y lo sigue haciendo. Para mí es un extraño, más que muchas de las personas que me rodean. Mis hijos tienen miedo de su abuelo.

Aparato: he decidido utilizar este aparato porque notaba un crujido en la ATM izquierda. Todo lo que me propongo hacer, lo hago a fondo, aunque a veces me da un poco de pereza.

(La articulación témporo-mandibular es un lugar del cuerpo físico que forma parte de lo que yo llamo *los basureros emocionales*).

De la misma forma que podemos leer el temperamento de Louise por su boca, estaría bien proceder a la inversa y describir la boca de sus padres a través de lo que ella nos dice.

Louise viene asiduamente, con la constancia que la caracteriza desde que nació; esta vez lo ha hecho por ella y por su ser más profundo. Veamos su último testimonio:

Practico el Taï Chi Chuan desde hace 8 o 9 años y, poco a poco, he llegado a poder enseñarlo. El Taï Chi Chuan me ha enseñado, entre otras cosas, a habitar mejor en mi cuerpo, a posicionarme, pero no era capaz de percibir el Qi. Conseguía sentir algo a veces, en distintos lugares y de forma completamente aleatoria. En un seminario en el que practicábamos con un maestro hacíamos una hora de Taï Chi al día. El primer día me preguntó desde cuándo practicaba y con quién. Le contesté y le expliqué que lo hacía en una escuela distinta a la suya. Me dijo que mi Taï Chi estaba muy bien, pero que le faltaba algo. Deseaba lo que hacía, pero no me dejaba llevar. En treinta segundos, sin que él me dijera nada más, llegué a comprenderlo. Desde entonces, yo no hago Taï Chi Chuan, es el Taï Chi Chuan el que guía mis movimientos. No tengo que hacer prácticamente ningún esfuerzo, ni siquiera en los brazos: he tenido la impresión alucinante de que he entrado bruscamente en otra dimensión que ni imaginaba antes que existía. Lo había leído en los libros, pero pensaba que no era para mí.

Por otro lado, en nuestra última visita usted me comentó que ahora ya podía vivir el momento presente. Para mí esto era únicamente teoría. Muchas veces durante el día me daba cuenta de que no estaba en el presente. Entonces hacía un esfuerzo consciente para volver, pero esto solo duraba unos segundos.

Últimamente he notado que estoy en el presente, espontáneamente, sin esforzarme. Primero, masticando (¡ya ves!), pero no masticando el aparato, sino masticando la comida. Entonces comprendí por qué no podía decir de qué lado masticaba.

Después, andando por la calle, paso de la ausencia al presente, a la presencia: he tenido la sensación de una puerta que se abría, de ser, de ver y sentir todo a mi alrededor, como si mi campo visual se hubiera ampliado.

Es curioso, ¿no?

¿Será por masticar el aparato?

¿Será por la labor realizada durante el proceso?

¿Pueden disociarse ambas cosas?

En realidad, no hay que disociar nada. Simplemente, hemos constatado que Louise ha corregido su sobremordida entre otras cosas.

En este lenguaje de los dientes, no podemos dejar nada al azar, porque todo tiene un sentido.

Y a pesar de la perfección de la boca equilibrada que promulgó el profesor Planas, aún quedaban para nosotros algunos hallazgos sin respuesta. Cuando un paciente armonizaba su boca, según las leyes de Pedro Planas, iba cada vez mejor en todos los aspectos: físico, orgánico y psicoafectivo. Pero advertíamos una especie de estancamiento al cabo de cierto tiempo. No se volvía al malestar del inicio, pero se revivían de forma atenuada los síntomas desaparecidos, o bien se instalaban otras patologías. Estas observaciones mostraban que las leyes de Planas no eran suficientes, lo que nos ha permitido llegar a una nueva noción fundamental, ya mencionada en la última parte.

III. LA DIMENSIÓN VERTICAL

Ya os he hablado de la importancia de la regularización de la sobremordida a través de varios ejemplos, pues es el reflejo de un bienestar sistemático. Esta sobremordida, recordad, se materializa por un recubrimiento excesivo de los incisivos de arriba en relación con los de abajo.

Tomemos como ejemplo la boca de David (foto 16 y foto 17, p. 40). Si medimos la distancia existente entre un punto situado bajo la nariz y un punto posicionado en la punta del mentón, obtenemos una dimensión determinada. Cuando el apiñamiento dentario desaparece, la sobremordida se armoniza y la distancia entre los dos puntos aumenta. La desaparición de la sobremordida produce un crecimiento del tercio inferior de la cara. Aumenta la dimensión vertical del tercio inferior, o sea, de la cara.

Nos hemos dado cuenta de que esta dimensión vertical tenía un papel capital en el funcionamiento fisiológico del ser humano, más allá de lo que nos habían enseñado. El profesor Planas había percibido su importancia, pero no en todo su alcance. La observación clínica nos ha presentado una prueba irrefutable:

Todos o casi todos estamos en una dimensión vertical insuficiente, y esto tiene consecuencias lamentables para la humanidad.

A veces encontramos a personas que tienen una boca bonita… por lo menos en apariencia, los dientes están bien alineados, la sonrisa parece estética, bonita, pero mirándola más de cerca podemos ver una **abrasión generalizada de los dientes**, que origina una disminución de la dimensión vertical.

Esta pérdida de sustancia dentaria corresponde a una forma de función concreta. Son los hiperactivos y los competidores. Nada los detiene y, en el mundo actual, son los responsables, los líderes, los dirigentes. Han construido a su alrededor una ilusión de bienestar porque no tienen derecho a ser débiles de cara al exterior. Nunca se les pregunta cómo están porque para los demás siempre están bien. Son fuerzas de la naturaleza… pero cuando estas personas se encuentran solas, es cuando sienten su malestar. Por esta razón, su actividad nunca se detiene, pues les resulta insoportable.

Deben demostrar su fuerza continuamente y tienen muchas dificultades para oír una descripción de su malestar. Todo se ha construido en su vida de forma ficticia para permitirles sobrevivir mediante la compensación. Por esto, estas personas se consumen y se hunden cada vez más en su temperamento.

El desgaste corresponde a una pérdida, en un primer momento, del esmalte que rodea el diente. El esmalte es el material más duro del organismo. Es la encarnación del reino mineral (el más arcaico), como hemos visto, en el ser humano. El comportamiento de estas personas es tan destructor que les lleva a desgastar lo más resistente. Y lo más gracioso de la historia es lo que se dice de ellas: se comen el mundo. Son los ejemplos de la sociedad contemporánea.

Al igual que la sobremordida, la regularización de este desgaste generalizado que se lleva a cabo con nuestro tratamiento permite al paciente acceder a una mejoría o que su boca empiece a funcionar de forma diferente.

IV. CRONOLOGÍA DE LA SALIDA DE LOS DIENTES

Acabamos de ver los medios de diagnóstico psicofisiológico de una boca donde todos los dientes adultos están en su lugar. Ahora observemos las informaciones que nos da la aparición de los dientes de leche y los definitivos.

Normalmente, los dientes mandibulares (cimientos) salen antes que los dientes maxilares (tejados). Los cimientos se ponen antes que los tejados, lo cual parece lógico y fisiológico.

Sin embargo, desde hace algunos años esta regla no se cumple: algunos dientes maxilares salen antes que los mandibulares, como si pusiéramos las tejas antes que la primera piedra.

Esta inversión de un proceso natural nos ha llevado a establecer una relación directa con los factores ambientales del niño: educación, instrucción, alimentación y modo de vida.

La hiperintelectualización demasiado precoz de los niños los obliga a poner mucha más energía en la elaboración de su pensamiento que en la construcción de su cuerpo.

No obstante, sabemos que el hombre debe pasar primero por la marcha y después por la palabra para llegar al pensamiento. El niño tiene necesidad de toda esta energía para construir, en una primera fase, su cuerpo físico con el fin de acceder a la marcha. Si las fuerzas se movilizan de forma inadecuada, debilitan al niño y este no tiene el tiempo fisiológico suficiente para llevar a la madurez su sistema psicoafectivo. Las manifestaciones físicas serán las distintas enfermedades del niño, como los problemas ORL* y la alteración de la erupción dental.

Para respetar la fisiología del niño, sería bueno esperar la llegada de los primeros molares definitivos, entre seis y siete años, para empezar el aprendizaje intelectual de la lectura y de la escritura, por ejemplo.

1. Dientes temporales

Ciertos dientes de leche salen o se caen más tarde. Este hecho está relacionado con una educación y, por consiguiente, una alimentación que mantiene al niño en un estado afectivo inmaduro de «bebé», pero que, al mismo tiempo, excita sus capacidades mentales. El niño se transforma en un adulto en miniatura.

Los dientes de estos niños, que aparecen tardíamente, también se caen tarde. Esto es un aviso del cuerpo en respuesta a una hiperintelectualización precoz. La inmadurez afectiva que se establece deja predecir una falta de realización del adulto en gestación.

2. Dientes permanentes

La cronología fisiológica de la aparición de los dientes definitivos puede verse alterada frecuentemente; incluso hay dientes que no se forman.

La aparición de los caninos definitivos, por ejemplo, debe suceder a la de los premolares hacia la edad de 13 años. A veces notamos la presencia de estos caninos antes de la de los premolares. Los caninos marcan la madurez de los órganos sexuales, y los premolares cierran la madurez afectiva. Poner los cimientos de la sexualidad sin poseer el sentimiento maduro crea «mujeres niñas», «Lolitas», o «grandullones peludos» con la mentalidad de un niño de seis años. Son el resultado del «todo intelectual».

Para luchar contra el mundo adulto en el que el niño está proyectado y para guardar el máximo tiempo posible alguna cosa de la infancia, sus dientes permanentes podrán hacer la erupción tardíamente. El niño retrasa así inconscientemente el fin del paso al estadio fisiológico siguiente, para prolongar la fase precedente de la que no se ha aprovechado completamente. Pero no todo el mundo lo consigue. He aquí las conclusiones de un estudio hecho hace algunos años.

3. La pubertad precoz

La pubertad precoz femenina en Estados Unidos es un fenómeno cada vez más extendido y cuyas causas siguen siendo aún bastante misteriosas, pero que genera un grave problema de salud pública, según algunos especialistas.

En efecto, más de un cuarto de las niñas negras y un 7 % de las blancas de Estados Unidos presentan signos de pubertad desde la edad de los 7 años, según un estudio dirigido por la doctora Marcia Herman-Giddens[6] y realizado en 1997 a 17.000 jóvenes norteamericanas de entre 3 y 12 años.

A la edad de 9 años, cerca de una tercera parte de las niñas blancas (32 %) y el 62 % de las niñas negras tienen senos y un sistema piloso adelantado en uno o dos años. Las consecuencias de esta evolución, que comenzó en los años sesenta, no son en absoluto anodinas. Ciertos estudios señalan que una pubertad precoz puede conllevar más depresiones, agresividad, aislamiento e incluso suicidios.

Si este estudio se hubiera hecho también para la boca veríamos la presencia de los caninos. Es interesante que nos demos cuenta de que confundimos causas y consecuencias. En efecto, observamos las modificaciones físicas del cuerpo de estos niños, y esas modificaciones serían la causa de su estado de malestar, estado que sería por otro lado la consecuencia.

Basándonos en lo que acaba de desarrollarse en esta obra, estamos preparados para proponer otra teoría: es la función psicoafectiva de estos niños la que provoca un malestar de orden psíquico, que se acompaña de manifestaciones de orden físico. Los senos, el sistema capilar y los caninos solo son las consecuencias y de ninguna manera las causas de un modo complicado de funcionar.

V. EL NIÑO EDUCA A SUS PADRES

El alfabeto universal permite la lectura del funcionamiento del niño a través de su boca. En efecto, esta retrata exactamente su vida pasada y presente. Hemos visto que la relación con el padre y la madre estaba igualmente inscrita en la boca. Podemos conocer los papeles respectivos de los padres y el impacto de su vida en la educación de su hijo. O sea, la vida del niño es el fruto de todos los factores ambientales o epigenéticos y, sobre todo, de la educación recibida. Es la traducción de lo vivido con los padres a través de esa educación. Así pues, el niño revela también, por medio de su boca, el modo de comportamiento de sus padres.

El niño ofrece así un regalo inestimable, porque les da a los adultos la posibilidad de aprender a «leer» las bocas.

El niño está aquí para ELEVAR LA CONSCIENCIA de sus padres, dándoles la posibilidad de VER; es decir, de forjar un vínculo entre el desequilibrio de su boca y el de su hijo, y de HACER, o sea, de ponerse en marcha en el camino del cambio. Solamente entonces podrán los padres modificar la educación de su hijo, porque se habrán movido suficientemente en su propia vida, abandonando las viejas creencias que los habían mantenido en una forma de actuar desestabilizante.

Y todos los que están implicados, padres e hijos, llevando el activador y en el tratamiento global, han visto sus bocas armonizarse. Pero es el niño el que habrá estado en el origen de este despertar.

Para ello es necesario que los adultos aprendan este «lenguaje». **El niño CUIDA a sus padres y a cambio los padres lo EDUCAN.**

VI. CONCLUSIÓN

Esta cuarta parte os ha dado permitido descubrir una lectura diferente de la boca. Existen algunos profesionales de otras especialidades que obtienen los mismos resultados por la observación de cualquier otra parte del cuerpo.

Todo ello nos lleva, simplemente, a otro medio de diagnóstico adicional y nos confirma que en lo infinitamente pequeño (el diente) vemos lo infinitamente grande (el hombre en su globalidad). Todo está en todo y es interesante saberlo.

Ahora llegamos a una etapa importante: cómo tenemos que hacer para regular los conflictos del pasado que se acumulan para forjar nuestro temperamento. La dentosofía nos proporciona esta posibilidad.

La boca es un lugar del cuerpo que nos permite visualizar nuestros bloqueos, y si esta boca cambia, ello significa, según mi experiencia, que hemos solucionado los conflictos, escondidos en lo más profundo de nosotros, sin haber necesitado llevarlos al nivel de la consciencia intelectual. El pasado esta superado: únicamente cuenta el instante presente y solo él nos guía por el camino andado y el que queda por recorrer.

La dentosofía es un tratamiento que pone de manifiesto la relación existente entre el equilibrio bucal, el equilibrio del hombre y, en un sentido más amplio, el del mundo, porque el mundo actual está bien construido por los pensamientos y las acciones de los seres humanos de hoy en día.

Espero ahora que el vínculo entre el equilibrio de la boca y el del hombre os resulte más familiar. Nos queda por descubrir la relación con el mundo.

En efecto, una vez que hemos señalado las estrechas relaciones que existen entre el hombre en su integralidad y su boca, y sabiendo que el equilibrio del mundo se basa en las acciones de los hombres, podemos establecer lógicamente las relaciones entre el desequilibrio de las bocas y el funcionamiento del mundo.

Al principio había previsto incluir la relación de la boca con el mundo en esta obra, pero me he dado cuenta de que esto sería seguramente difícilmente accesible y sobre todo que resultaría demasiado denso. Por ese motivo, constituirá el tema de un libro aparte, dada su gran extensión.

5
ARMONÍA Y BELLEZA

I. LA MUJER DE LA PISCINA

Está espléndida. Sobre el trampolín más alto con su bañador retro de color negro, un gorro blanco en la cabeza y los brazos en posición horizontal, se concentra un instante. Después se tira, magnífica, bajo la mirada admirativa y deslumbrada de dos jóvenes que esperan su turno. Dobla las rodillas, se toca los tobillos con las manos; después se relaja, acaba haciendo el salto del ángel y se hunde en el agua. Emerge y se acerca al borde nadando de espaldas completamente relajada.

—Es fantástico lo que hace usted.

—Gracias —responde con una amplia sonrisa que le ilumina aún más el rostro.

—¿Lleva mucho tiempo haciendo esto?

—Empecé cuando tenía 40 años y ahora tengo casi 80 haciendo la cuenta.

Sí, la saltadora tiene casi 80 años y conserva una amplia sonrisa, llena de alegría, como expresión del ser.

—Señora, ¡tiene una dentadura magnífica!

—Pues es muy antigua.

—La armonía no tiene edad, señora.

Y vuelve a sonreír.

—Gracias —dice ella antes de un nuevo vuelo.

Este maravilloso testimonio sobre la armonía entre el equilibrio del ser humano (físico y psíquico) y el equilibrio de la boca me lo contó un amigo dentista que se acercó a esta persona cuando empecé a escribir este libro.

¡Cuánto camino recorrido durante todos estos años! Desde el principio de mi vida profesional había visto muchas bocas, pero había pasado de largo ante lo esencial. Hoy, con una sola mirada puedo leer, detrás de las apariencias, lo vivido y lo potencial que se manifiestan en tantas bocas desequilibradas... y proponer un tratamiento.

Parece que fue ayer, y me parece tan antiguo el tiempo en el que los dientes solo eran para mí unas «cosas» plantadas en la boca con fines masticadores y, de paso, estéticos. Estos dientes que duelen para que el dentista pueda ganarse la vida. Estos dientes, barrotes de cárcel de los que queremos liberarnos rompiéndolos, destruyéndolos, gastándolos en un combate infernal e interminable, combate en el que el hombre deja una buena parte de sus fuerzas físicas y psíquicas, y al final del cual se encuentra cansado, agotado, vacío. Vacío de sentido. ¿Por qué? ¿Para qué?

Actualmente, esos mismos dientes han llegado a ser para mí las puertas abiertas de un presente como la imagen de la mujer de la piscina. La caries, la falta de armonía o la vejez impotente no son una fatalidad.

II. EL PUNTO EN COMÚN

El desarrollo de todas las terapias psicológicas en Europa, en Estados Unidos o en cualquier otro lugar del mundo es la expresión de un malestar. En África y en otros países son los brujos o los videntes los que proponen las terapias. Pero siempre con el mismo objetivo: comprender, tranquilizarse.

De hecho, para ir más lejos, hace falta que los elementos de la vida tengan un sentido. Y para que tengan un sentido, hace falta relacionarlos unos con otros, incluso si en apariencia al menos no tienen ninguna relación entre ellos. Y ver la realidad de esto que se expresa en las peripecias de la vida, incluso las insignificantes... en apariencia.

La vida empieza entonces a cobrar sentido. Podemos leer en el desarrollo de los hechos cotidianos como leemos en un libro el camino que debe ser el nuestro. Es una de las formas de apaciguar el alma, porque está nutrida.

¿Os acordáis del pequeño Paul, que se cayó en el patio de la escuela y se rompió el incisivo central superior derecho? Encontramos otro sentido a esa fractura. Para ello, debíamos encontrar las verdaderas causas de otra forma.

En el mismo orden de ideas, ¿se ha establecido la relación entre el desarrollo económico de un país, la tasa de suicidio o de depresión y las deformaciones bucales? ¿Se ha buscado el vínculo entre el desarrollo económico de un país y el consumo de neurolépticos y la cantidad de deformaciones bucales existentes? ¿Se ha encontrado algún nexo entre las incoherencias pedagógicas y el porcentaje de las deformaciones bucales de un país?

¿Sabéis cuál es el punto en común que se puede encontrar entre situaciones en apariencia tan diversas?

El niño que se cae en el patio de la escuela y se rompe el incisivo central superior derecho, el hombre que dice amar a su mujer y le pega, el que desgasta los dientes por la noche, el que ronca, el recién nacido con eczema, el deportista que se dopa, el adolescente con mucoviscidosis, el que está deprimido, el abuelo que tiene párkinson, el que es xenófobo, el deportista con un talento increíble que tiene lesiones de repetición, el niño que tiene pesadillas, el que se hace pipí en la cama, el adulto alcohólico, el niño disléxico, el que tiene dificultades de concentración en la escuela, los gobernantes incapaces de generar ideas nuevas, el hombre que dispara a adolescentes porque juegan haciendo mucho ruido, el pedófilo que viola a los niños que tiene a su cargo, la joven anoréxica, la que sufre de esclerosis múltiple, el hombre o el niño obesos, la joven con fibromialgia, la que tiene cáncer, el joven afectado por el sida, el niño asmático o alérgico, el que tiene anginas, las otitis, las rinofaringitis, el que está angustiado, ansioso, el hombre de negocios hiperactivo, el que se droga, el que acepta asesinar la vida en nombre del Estado o de Dios, el que frecuenta las farmacias, los laboratorios de análisis clínicos, las consultas dentales, médicas, de psicoterapeutas, de psicoanalistas, de psiquiatras, de fisioterapeutas, de osteópatas, de nutricionistas, de todo tipo de terapias. La lista es exhaustiva.

Pues bien, el punto en común de todos estos millones de personas es:

Una boca desequilibrada…

Me podéis decir: «Sí, de acuerdo, pero es su punto de vista como dentista; le da demasiada importancia a la boca». Desde luego que hay más factores.

Pero eso lo he constatado. Recordad: la boca es un espejo similar a otras partes del cuerpo. Podríamos hacer la misma constatación con la postura, por ejemplo (ver Anexo II).

El partir de un punto en común es un dato esencial para todo investigador. En efecto, un científico tiene necesidad de analizar sucesos que sean reproductibles para poder emitir una hipótesis y verificarla con la experimentación. Voy a poneros dos ejemplos. En la investigación sobre el sida, la gran dificultad viene por el hecho de que el virus VIH muta constantemente. ¿Cómo se puede encontrar una vacuna si no hay una constante en todas las formas de sida?

En la investigación sobre el cáncer, una primera dificultad reside en el hecho de que ni siquiera hay virus (por lo que no hay un punto en común). Y cuando conocemos el rol fundamental del aspecto psicológico (tanto para la aparición de la enfermedad como para su curación), ¿qué constante común a todas las formas de esta patología podemos encontrar? Pero ¿cómo podemos examinar al microscopio, en un laboratorio, el aspecto psicológico...?

Con la boca desequilibrada, podemos identificar un dato extraordinario. Extraordinario, porque es **común** a varios millones de personas. Incluso, si ninguna es un clon de otra.

Aprender a reconocer una boca equilibrada es la condición mínima para ver el desequilibrio cuando se presenta ante nuestros ojos. Y proponer un tratamiento que permita un reequilibrado y una mejoría global de la persona es una necesidad si tomamos conciencia de la amplitud del problema.

La armonía bucal es un dato que rebosa simplicidad. Sí, simple y a la vez desconocido, y lógico para todo el mundo, pero aún es más sorprendente que lo sea para la casi totalidad de la comunidad científica odontológica y médica.

La difusión de este tema, por lo menos de momento, es aún casi confidencial, pero existen numerosas publicaciones. Basándonos en ello, en esta obra añadiría casos que se repiten desde hace más de 20 años.

III. UN NUEVO TERAPEUTA PARA UNA NUEVA MEDICINA

Desde hace unos veinte años, han aparecido nuevos y variados tratamientos que tienen en común por lo menos dos aspectos: los rechaza la comunidad médica oficial (porque no están comprobados científicamente) y tienen una eficacia indiscutible.

Por otro lado, hay medios técnicos cada vez más sofisticados para curar.

Paralelamente, aparecen nuevas enfermedades y nuevos virus, y son cada vez más resistentes; otros gérmenes han reaparecido (la tuberculosis, por ejemplo).

Cada vez hay más tratamientos que practican terapeutas muy competentes y cada vez hay más personas enfermas que los buscan e incluso combinan varios de ellos.

El ejemplo del cáncer es elocuente; el número de cánceres crece (a pesar de lo que acabamos de decir) y la mortalidad aumenta, aunque la investigación no cesa de progresar.

En el ámbito dental, por ejemplo, son los terapeutas mismos quienes organizan el tratamiento. Para un paciente dado, van a consultar a un cirujano (cirujano ortognático), al ortodoncista, al especialista en oclusión, al especialista en prótesis (o al implantólogo), al periodoncista. Esta línea se llama *tratamiento global.*

Hay un porcentaje enorme, cada vez mayor (80 % según las fuentes oficiales; mucho más según nuestros datos), de niños que necesitan equilibrar su boca.

No hay nada que nos deje entrever que esta espiral pueda atenuarse en el futuro. ¿Por qué?

Porque vamos por un camino equivocado.

Después de la llegada de la medicina llamada *moderna*, hemos cortado deliberadamente al ser humano en rodajas y creado por un lado el estomatólogo, el cardiólogo, el neumólogo, etc., especialistas de una parte del todo, y por el otro lado al médico generalista que se ocupa del todo y es especialista de nada. Cada uno funciona en su rincón e intenta hacer callar los síntomas que corresponden a su disciplina. En Francia, incluso se ha hecho salir al dentista de este todo, pues el dentista no es un médico. De hecho se dice que «los dientes no forman parte del cuerpo humano».

El único inconveniente de esta historia está en la noción del TODO. La medicina actual razona esencialmente a partir del cuerpo físico, y solamente cuando hay desesperación se vuelve hacia el psiquismo, hasta tal punto que las especialidades que tocan el dominio del alma casi están mal consideradas.

Por lo tanto, más que nuevas tratamientos, necesitamos **nuevos terapeutas**. Podríamos llamarles **HUMANÓLOGOS**. Podrían utilizar todos los instrumentos puestos a su disposición para despertar en el paciente el poder de autocuración.

De hecho, no se trata de inventar otra medicina, sino de permitir que nazca otro tipo de médico.

Y por extensión, no se trata de inventar otra odontología, sino de permitir que nazca otro tipo de dentista.

Sean cuales sean los tratamientos, todos tienen un límite: el del terapeuta. El terapeuta actúa más en función de sus límites que de los de la técnica. Y los límites del terapeuta pueden visualizarse en su boca. Lo remiten a sus propias problemáticas. Así, si no les pone solución, no podrá avanzar con su paciente (vamos a volver a decirlo: la boca es solamente un espejo, del mismo tipo que las demás partes del cuerpo).

Pensamos, percibimos, sentimos, actuamos, curamos, gobernamos, dirigimos y construimos el mundo idéntico a los límites del desequilibrio de nuestra boca y del resto del cuerpo.

La boca es un reflejo exterior de nuestro funcionamiento interior.

Las capacidades terapéuticas están ligadas a las posibilidades del equilibrio o del desequilibrio autorizado por la boca, no al tratamiento en sí mismo.

Construimos el mundo como algo idéntico a nuestras bocas.

Una boca sin equilibrio es una ilusión.

Sí, lo que veo es ilusión. Detrás de lo que veo está la realidad: una boca preciosa y armónica. Los sucesos de la vida, la herencia, la educación, etc., aún no le han permitido que lo sea. Pero puede serlo, porque nada es irreversible. Para algunos ya se ha conseguido. Y están los demás, que esperan sin saber el qué, buscando sin poder dar nombre a lo que buscan y no encuentran, porque creen que la respuesta solo puede venir del exterior, cuando está en el fondo de ellos mismos.

Los dientes son unos órganos de percepción extraordinarios, de una sutilidad y una finura increíbles. La estimulación de los dientes, que incita a su desplazamiento (y al reposicionamiento de los maxilares) y el equilibrio bucal que se produce, va a permitir recuperar las funciones cerebrales más finas. El ser humano puede entonces expresar todas sus verdaderas capacidades, haciendo de sí mismo un ser único, mágico. Va a crear su vida a su imagen.

Los terapeutas, armonizando su boca, sobrepasarán los límites de su método. Harán salvar los obstáculos, escondidos en lo más profundo de ellos mismos, que les impiden expandirse. En todos los ámbitos de la vida (investigación, ecología, pedagogía, economía, política, cultura, deporte, etc.) cada uno encontrará, a través de una nueva percepción de su boca, los elementos creadores que necesitan las exigencias sociales de nuestra época.

He aquí el testimonio de un colega francés:

> Mi experiencia práctica de la dentosofía.
>
> Al principio, más que los seminarios, me atraía el concepto global de la dentosofía, dado que mi ejercicio profesional me satisfacía cada vez menos, tanto en el plano práctico como en el aspecto relacional.
>
> Durante la formación he tenido la sensación de «volver a estudiar» en poco tiempo.
>
> En los primeros seminarios, tenía la impresión de que me faltaban datos técnicos, prácticos. Resultó que en mis primeras experiencias con el método, que no dudé en aplicar desde el principio, el sentido común me ayudó a resolver la mayoría de los problemas.
>
> Por otro lado, me he dado cuenta progresivamente de que la relación con el paciente era diferente, las conversaciones pasaban del dominio técnico al dominio de la «toma de conciencia».
>
> La dificultad consistía en preguntarme ¿qué decir? O ¿qué debemos decir?
>
> Ahí también, el sumergirme en el método me pareció la mejor forma de superarlas. Las guías que nos dan en los seminarios, que no me resultaban muy fáciles en aquel momento, se iban aclarando a medida que las ponía en práctica, y al entablar conversación con el paciente, esta se desarrollaba de forma cada vez más natural.

Las demás observaciones que podría formular serían más bien en el terreno personal.

La dentosofía me permite ser más yo mismo en mi trabajo. El lenguaje con mis pacientes es más verdadero: siento que hablo más con mi ser y no tanto con la mente, que expresaba lo que me habían enseñado hasta entonces.

La relación con el paciente ha mejorado y, como consecuencia, el estrés profesional ha disminuido de manera considerable.

Una vez más, lo que no me parecía tan claro al principio (por ejemplo, que con este método el terapeuta crea su propio tratamiento) se ha vuelto totalmente transparente.

Estas son las palabras de un compañero italiano:

Sumergirme en la dentosofía fue para mí como emprender un viaje más allá de las columnas de Hércules; no sabía nada de ortodoncia y creía verdaderamente que no quería saber nada.

Y a pesar de mis grandes dudas, me fascinó este tratamiento que propone utilizar un aparato de caucho, reequilibrar no solo la boca y su estructura, sino también al individuo, en su globalidad de cuerpo y psique. Era lo que siempre había estado buscando; sentía como una llamada.

Y me embarqué sin saber si descubriría una ruta más corta hacia las Indias o, como así fue, un nuevo continente lleno de riquezas.

Poco a poco todas las piezas han encontrado su lugar exacto. Mi ignorancia al final fue una ventaja, ya que no tuve que «vaciarme» y desprenderme de conceptos establecidos para acoger al nuevo conocimiento.

Llevando el activador, he podido verificar personalmente estas palabras: «El terapeuta actúa en función de sus límites, no en función de los límites del método. Y los límites del terapeuta son los de su boca. Pensamos, sentimos, educamos, curamos, dirigimos y creamos el mundo en función del equilibrio o del desequilibrio de nuestra boca».

El uso cotidiano del activador permite ampliar nuestras limitaciones, cada día un poco más. Esto, asociado a toda la teoría fascinante que sostiene la dentosofía, me permite en mi práctica cotidiana comprender realmente el sufrimiento, no solamente físico o corporal, sino también metafísico de mis pacientes.

Me da los medios para acompañarlos en sus recorridos de curación percibiendo claramente las etapas que hay que seguir y los instrumentos que hay que utilizar.

Y he comprendido que eran justamente los límites de mi boca las causas de mis dudas para emprender el camino de la dentosofía.

La dentosofía podría relacionarse con este proverbio chino:

«Escucho y olvido.
Veo y recuerdo.
Experimento y comprendo».

Es poner en práctica los actos cotidianos en cada momento de nuestra vida.

Este proverbio chino le iría muy bien al niño que acaba de cometer diez faltas en el dictado y al que felicitamos por sus aciertos más que castigarlo por tener una mala nota…

CONCLUSIÓN
LA LENGUA ORIGINAL
ૐ

MI HIJA ME DIJO QUE TENÍA QUE DEJAR de lado a mi cerebro cuando fuera a ver la obra de teatro en la que actuaba junto con otros actores.

Ella sabe perfectamente que es una frase que debo poner en práctica, pero ¿qué quiere decir con esto?

Dejar de lado nuestro pensamiento intelectual, nuestra función del cerebro izquierdo, analítico, estructurado, para ir hacia nuestro sentimiento. No tenemos que comprender la obra de teatro; debemos sentirla, vivir desde el interior las emociones que generan los actores.

Para ello, van a utilizar un lenguaje, el lenguaje del ser interior, **la lengua original**. La poseemos todos en nosotros, es el andar, hablar, pensar integrado.

Pretender comprender la obra con nuestra mente es hablar otra lengua: la lengua de lo aparente.

Existen tantas lenguas aparentes como individuos en la tierra. ¿Cómo podemos comprendernos si no practicamos la lengua del otro? Y a la inversa, la lengua original es la única accesible a toda la humanidad.

¿Ser o... parecer?

Estas dos palabras aparecen continuamente en los libros y pueden quedarse en lo intelectual si no le ponemos remedio.

Para sentir mejor cómo encontrar esta lengua original, tomemos el camino recorrido en el tratamiento de la sobremordida, por ejemplo.

Recordemos: en el caso de la sobremordida, el maxilar superior engloba el maxilar inferior, de forma que le impide poder deslizarse a derecha e izquierda de manera armoniosa con todos los dientes en contacto del lado al que se mueve.

La sobremordida impide tener una buena oclusión. Y observamos que las personas que funcionan con la cabeza y el intelecto viven en el pasado y encuentran muchas dificultades para acceder a los sentimientos que validan su momento presente. Esto les impide actuar según sus deseos. Sus actos están programados por lo que han aprendido, leído, etc.

Esto nos dirige hacia el extendido fenómeno de la intelectualización excesiva, incluso en los niños más pequeños, lo que lleva a un saber cada vez más avanzado.

Veamos el recorrido interior y exterior de estas personas que tienen sobremordida cuando aceptan someterse a un tratamiento basado en los principios de la dentosofía.

Van a mordisquear un activador de caucho, y pararán regularmente su jornada laboral para hacer una sola cosa a la vez con toda la consciencia del acto efectuado. Vivirán el instante presente, sentirán su cuerpo y sus miedos disminuirán poco a poco. Progresivamente van a aumentar la dimensión vertical de su boca, sinónimo de bienestar y también de oclusión equilibrada.

Vivir el instante presente, ya lo hemos visto, debe ser nuestro modo de actuar cotidiano en la vida. Es la única salida para el bienestar del hombre. Pararse tres veces al día para morder el activador se convierte en un entrenamiento, como hace el deportista que quiere acabar una maratón y debe correr todos los días. Poco a poco, la liberación de la sobremordida nos lleva a vivir el instante presente en otros momentos de la jornada sin el activador (ver el testimonio de Louise, p. 178) y esto se hace de forma cada vez más regular.

Cuando se corrige la sobremordida, asistimos a las primeras lateralidades de la mandíbula. El ser humano descubre una función derecha e izquierda nunca realizadas anteriormente.

Se libera; es el primer paso hacia su libertad. Toma conciencia de una oclusión que se equilibra y, con ello, de la posibilidad de vivir el instante presente, que por sí solo hará desaparecer el miedo. Y cuando se descubren estos instantes sin miedo, el cuerpo los reconoce y le dice a su huésped: «Es la felicidad, (*bonheur*) estar en la "buena hora", porque no existe lo que el mal dice (*maladie*, "enfermedad" en francés)».

Así pues, si vivimos de tanto en tanto el instante presente, accedemos a otra capacidad de escucha, a la medida del desbloqueo de la boca pasando de la supraoclusion a la normooclusion.

«Oímos» según la anatomía de nuestra boca en cada momento.

Hay que decir que, en la primera fase del tratamiento, esta escucha será intelectual e irá bien con nuestra forma de actuar anterior, porque sabemos hacerlo.

Pero a pesar de todo, esta capacidad nueva de estar un poco más presentes favorecerá otra toma de conciencia intelectual. De esta forma, por primera vez, nos preguntarán allí donde cerremos sistemáticamente la puerta para no escuchar. Vamos a utilizar el «¿por qué no?» y a aceptar la aparición de nuevas hipótesis.

De todas formas, esta condición de escucha mental, aunque sea necesaria, no es suficiente. Porque si la toma de conciencia solo es intelectual, volveremos a caer en las trampas de nuestra función anterior. ¡Cambiar parece muy complicado en el mundo actual! Es indispensable, en esta fase, ponerse en marcha, y la decisión de llevar el activador forma parte de ello. Presenciaremos entonces una armonización de la boca y una mejoría física y psíquica.

En ese momento accedemos a la verdadera toma de conciencia: la conciencia visceral, la del cuerpo. Porque la conciencia no se sitúa en la cabeza, sino en el interior de todas nuestras células. Es la conciencia interior, orgánica.

Nos hace pensar que la expresión «tomar conciencia» está actualmente mal utilizada.

No sabemos de qué hablamos. Debemos emplear otros términos para evocar un cierto despertar si estamos en el orden del intelecto. La conciencia nunca podrá situarse en lo mental.

Solo el cuerpo nos puede decir, cuando hay un cambio exterior visible, que la toma de conciencia se ha realizado. Solo en este momento podremos hablar de curación.

La armonización de la sobremordida se acompaña de la desaparición de síntomas antiguos y patologías recurrentes. Esta liberación permitirá a la persona tomar la vida de otra forma: vivir más frecuentemente el instante presente y depender cada vez menos del pasado, fuente de estrés y a menudo de angustia y de comportamientos reactivos.

¡Para constatarlo hay que mirar la boca!

Esta liberación del cuerpo, reflejo de nuestro cambio psicoafectivo, nos dirige hacia el conocimiento (*connaissance*, «nacer con») del hombre. Este último es innato en cada uno. Lo hemos olvidado en pro del saber.

El acceso al conocimiento nos incita a dejar de lado este saber autoritario y dictador que corresponde a nuestro parecer para tocar nuestro ser en el interior.

No hace falta luchar contra la mente, sino desarrollar nuestro sentir. Este saber es útil si está al servicio del conocimiento, de la lengua original. Se vuelve patológico cuando la enmascara y ocupa todo el espacio. Ya no hablamos el mismo lenguaje. Ya no nos comprendemos.

Seamos conscientes en nuestro día a día de nuestros actos instintivos, involuntarios de zombis, y de las costumbres que nos adormecen en la repetición... y volvamos a aprender a ver, oír, oler y tocar como no lo habíamos hecho nunca antes, salvo al principio de nuestra existencia, desde nacimiento hasta la edad de un año aproximadamente.

A medida que avanzamos en esta búsqueda, en el tratamiento, nuestro equilibrio bucal continúa evolucionando. Y será siempre el signo exterior de nuestra evolución interior hacia el bienestar. Así, sorprendentemente, el trabajo con el activador nos vuelve a enseñar nuestra antigua lengua perdida; no es una filosofía sino una acción. Estamos justo aprendiendo a andar.

Sin embargo, parece muy complicado escucharlo. Es como si se hubiera producido un lavado de cerebro de nuestra lengua original; como si ya no nos acordáramos y tuviésemos que reaprender las palabras poco a poco, lentamente, unas después de las otras, como una canción de la que conocemos la melodía pero como ruido de fondo. ¿Es posible volver a encontrar la canción? ¿Por qué no?

Pensamos que es realizable, pues la lengua original está relacionada con el órgano lengua que se sitúa en el estadio del habla y de las funciones neurovegetativas (deglución, fonación) de la oclusión equilibrada.

Como por azar, para acceder a esta lengua de origen y a esta oclusión equilibrada es imperativo que la lengua se adhiera al paladar lo más a menudo posible, es decir, que tapice el maxilar. Constituye entonces el vínculo entre la mandíbula y el maxilar, y permite la circulación continua de la energía (los dos meridianos anterior y posterior de acupuntura se unen solo si la lengua está en esta posición).

Ahora bien, esta función esencial de la lengua está bloqueada por la sobremordida, que actualmente presenta casi toda la humanidad, como el ego y el tener, como el saber (mal utilizado).

Con todo, el hombre reequilibrado, situado entre el cielo y la tierra, se convierte (como reflejo de su propia oclusión) en el elemento indispensable para el equilibrio del macrocosmos.

Así pues, es el único responsable del equilibrio del planeta.

Y de su equilibrio interior depende el equilibrio exterior del mundo.

Y ahora, las palabras del fin...

La belleza y el equilibrio son la norma. Nuestras observaciones lo prueban desde hace muchos años. La boca desequilibrada representa una parodia del hombre. Su realidad es la armonía de la oclusión, que nos hace percibirla detrás de lo no bello. Tenemos la posibilidad de reencontrar esta armonía en nosotros y expresarla plenamente en un cuerpo reunificado: psíquico, emocional y físico.

Es lo que he intentado, a lo largo de esta obra, al presentar y demostrar este tratamiento, comprobado durante más de veinticinco años gracias a cientos de pacientes que lo han vivido, porque han podido decir: «¿Por qué no?».

De hecho, se ha convertido en un camino para reaprender «lo nuevo» o lo viejo olvidado.

Hemos visto como para esto hace falta primero pasar por las enfermedades (*maladies*, «el mal ha dicho»), de las que las malposiciones dentales forman parte. Esto también lo confirman los testimonios de los pacientes.

Esta obra quizá no tiene el rigor lineal de la demostración científica, pues yo he escogido sobre todo compartir con vosotros mi recorrido con sus riesgos, sus descubrimientos entusiastas, sus hipótesis al principio desconcertantes —y las experiencias repetidas hasta el infinito para comprobarlas—, hasta acceder a la increíble sabiduría de los dientes.

Y debo confesaros que este paso a la escritura, para mí, que soy más bien conferenciante y animador apasionado de los seminarios, ha sido una auténtica aventura. Así que os lo agradezco, amigos lectores, seáis quien seáis.

Y para mis compañeras y compañeros de profesión, añadiría esto: la práctica de este tratamiento global constituye una aventura nueva para nuestra profesión. Uniendo *dento* 'dientes' y *sophia* 'sabiduría', la dentosofía lleva en ella la esperanza y la ambición de que un día «el hombre escuche a la boca hablarle del hombre». Supone una oportunidad excepcional que tener en cuenta para la comunidad odontológica y el mundo en general.

ANEXO I
HOSPITAL TRADICIONAL DE KEUR MASSAR (SENEGAL)

LA PROFESORA YVETTE PARÈS

❧

LA MEDICINA TRADICIONAL DEL SENEGAL Y LA ENFERMEDAD DEL VIH-SIDA

El Hospital Tradicional de Keur Massar acoge desde 1987 a pacientes que tienen sida. En este centro reciben los tratamientos de la medicina tradicional del Senegal.

En 1988, se dio la información por la Radio Difusión Nacional. Se recomendaba no dejar pasar esta oportunidad. En 1999, los primeros pacientes que siguieron los tratamientos con regularidad y perseverancia se encuentran en excelente forma y llevan una vida muy activa.

En general, se piensa que la investigación solo puede hacerse en grandes laboratorios equipados con aparatología moderna. Se espera que los químicos sinteticen nuevas moléculas con la esperanza de que algunas puedan ser eficaces. Hasta ahora, los esfuerzos no han tenido éxito. La elevada toxicidad de los productos y las mutaciones rápidas del virus han defraudado las expectativas. Se repite incansablemente que no hay nada a hacer y que las enfermedades oportunistas llegarán tarde o temprano. No tenemos derecho a hablar así.

Existen unos doscientos tipos de medicinas diferentes en el mundo, en los cinco continentes. No se ha preguntado a las medicinas tradicionales, no se les ha dado la palabra y, si se han manifestado, no se les ha escuchado. ¿Por qué no se les da esperanza a los enfermos? Si una medicina no puede resolver un problema, otras pueden actuar.

Hemos olvidado muy rápido que la naturaleza pone a nuestra disposición soluciones mucho mejores que los laboratorios de los hombres: son las plantas medicinales, con las que se elaboran todos los remedios necesarios para la salud. No hacen ruido, no se les da publicidad, pero ofrecen a los que las conocen, los terapeutas tradicionales, los medios para aliviar y curar.

Las sustancias antivirales y todas las demás que son indispensables para la recuperación del organismo son sintetizadas en abundancia por numerosas plantas medicinales, no solo en África, sino también en otras regiones del mundo. El Hospital Tradicional de Keur Massar tomó los elementos necesarios en la inmensa farmacia de la naturaleza para elaborar los tratamientos prescritos.

Los pacientes deben reflexionar y armarse de valor. Se les tiende una mano para llevarlos por un camino de esperanza.

LAS MEDICINAS TRADICIONALES Y LA SALUD DEL MUNDO

A finales del siglo XX se ha visto emerger una epidemia nueva y temible, la infección VIH-SIDA y la reaparición de enfermedades infecciosas (tuberculosis y otras) contra las cuales los antibióticos no hacen ningún efecto.

En este contexto, se impone que todas las medicinas del mundo tienen y tendrán su papel. ¿Cuántas son? Si consideramos a 175 países que tienen bandera, podemos estimar que son más de 200, pero seguramente esta cifra está por debajo de la realidad, pues hay países que cuentan con varias medicinas tradicionales.

Estas medicinas han perdurado durante siglos, son milenarias y acumulan un patrimonio terapéutico de una amplitud impresionante. Han transmitido el conocimiento y la sabiduría y empiezan ahora a salir de la sombra. Quieren implicarse en una lucha común contra las epidemias que nos abruman. Tienen mucho que ofrecer.

Pongamos algunos ejemplos:

¿Por qué sucumbir al paludismo cuando las plantas benéficas crecen profusamente alrededor de las aldeas? Las tuberculosis resistentes a los antibióticos pueden curarse con tratamientos bien llevados jugando con combinaciones de plantas eficaces contra el agente patógeno y los distintos signos de la enfermedad. Diabetes, hipertensión arterial, reumatismos, dermatosis, ulceras gástricas, drepanocitosis, afectaciones nerviosas, etc., tienen también su tratamiento.

Se deja avanzar la infección VIH-SIDA en África a la espera de una ayuda exterior, mientras que las plantas activas crecen en la maleza y en la selva.

El primer Congreso Internacional de las Medicinas Tradicionales y la infección VIH-SIDA que se celebró en Dakar el 11 y 12 de marzo de 1999 permitió a los practicantes de la medicina exponer oficialmente los interesantes resultados obtenidos en varios países africanos.

Nuestro hospital explicó los principios generales que han guiado la elaboración de los tratamientos y los resultados con una prespectiva de 12 años. También se mencionaron los avances terapéuticos de las medicinas tibetanas y budistas.

No obstante, a veces escuchamos esta curiosa objeción: ¿cómo pueden los países africanos encontrar remedios contra el sida cuando los países occidentales, con sus equipados laboratorios, no han sido capaces de encontrar el tratamiento?

La respuesta es simple: los laboratorios investigan en el desconocimiento. Tienen que inventar moléculas nuevas de las que no se sabe si serán activas, pero la toxicidad está prácticamente asegurada. El funcionamiento es distinto con las medicinas tradicionales. Los grandes maestros de estas medicinas, una vez comprendidas la naturaleza y la complejidad de esta enfermedad, pueden reflexionar y recorrer la extensión de sus conocimientos terapéuticos.

Les hace falta después llevar a cabo una elección juiciosa entre las plantas, las asociaciones de plantas y las formas de preparación que les darán la máxima eficacia. Pueden ser necesarios algunos tanteos para llegar al objetivo. Podemos luchar contra el agente patógeno, los desórdenes que engendra y prevenir o curar las enfermedades asociadas.

Estas consideraciones muestran que la infección VIH-SIDA podría beneficiarse, en todo el mundo, de un gran número de tratamientos elaborados a partir de las flores medicinales locales. No se trata de una utopía. Si están bien definidos los principios generales de los tratamientos, las plantas de acción equivalentes (antivirales, antibacterianas, antifúngicas, antipiréticas, antidiarreicas, etc.) existen en todos los climas y latitudes.

Como conclusión, podemos decir que los países africanos disponen de grandes recursos terapéuticos tanto para las afecciones leves como para las más graves. Tienen que tomar conciencia y preparar la organización necesaria. Por otro lado, ante las dificultades sanitarias a las que se enfrentarán las siguientes generaciones, todas las medicinas tradicionales se están convirtiendo en valiosos recursos para la salud del mundo.

Profesora Yvette Parès.

Doctora en Medicina,

directora del Hospital de Keur Massar

Autora de:

La medicina africana: una eficacia sorprendente

Testimonio de una pionera. Gap, ediciones Yves Michel, 2004.

Sida, del fracaso a la esperanza. La mirada de una científica, médico de práctica tradicional. Gap, Ediciones Yves Michel, 2007

Conocí a Yvette Parès hace algunos años. La primera impresión que me dio fue su enorme determinación y su fe inquebrantable en la medicina tradicional. Yvette Parès consagró su vida y gastó su dinero, durante más de cuarenta años, para hacer realidad esta investigación. Y consiguió resultados.

Los tratamientos funcionan de inmediato.

Se me ocurre una terrible pregunta:

¿Por qué y con qué fin no se conocen?

ANEXO II
DOLORES DE ESPALDA Y PODOLOGÍA
ॐ

A L IGUAL QUE LAS RELACIONES entre una boca desequilibrada y las diversas patologías, estas lecturas sobre el cuerpo humano son inagotables. Y estamos muy lejos de haber completado el recorrido.

Conozco un podólogo, Pascal Chenut, que observa a través del pie lo que nosotros vemos en la boca. Ha podido leer el funcionamiento psicoafectivo del hombre estudiando el pie. Y después de todas estas investigaciones, ha diseñado unas plantillas que tienen en cuenta esta dimensión.

El conocimiento de esta anatomía podal adaptada le ha llevado a crear unas plantillas que permiten corregir la postura de compensación y suprimir los síntomas dolorosos en un 80 % de los casos. En la misma dinámica, ha inventado unas plantillas para deportistas que se personalizan según el deporte que se practica y las exigencias específicas de cada deporte.

Por otro lado, trabaja en la búsqueda de la estabilidad de las personas de la tercera edad, trabajando en apoyos específicos que limiten la caída de estas personas.

La empresa Micropodia comercializa estas plantillas en Marsannay la Côte (Côte d'Or).

GLOSARIO

Acrocianosis: Coloración azul-violácea de las extremidades de los dedos, de los dedos de los pies y otras extremidades del organismo, como las orejas, etc.

Activador Soulet-Besombes: Aparato de caucho que sirve para reequilibrar la boca, coinventado por A. Besombes y R. Soulet en 1953. Se llama también *férula SB.s.*

Adenoides: Vegetaciones.

Adenoidianos: Personas que, al respirar por la boca, desarrollan vegetaciones adenoides.

Agenesia: Ausencia de los brotes del diente, que impide que este nazca.

Amalgama: Sirve para rellenar la pérdida de sustancia del diente debida a la caries. Está compuesta por mercurio y otros metales.

Aparatos fijos: Se utilizan los brackets, que se adhieren a los dientes, y se colocan unos arcos.

Calcitonina: Hormona tiroidea.

Cartesiano: Esta palabra viene de Descartes, a quien se le han atribuido frases erróneas por haberlas sacado de contexto. En efecto, cuando se dice que alguien tiene un espíritu cartesiano, afirmamos que es pragmático, lógico, materialista y no cree lo que ve.

Se atribuye a Descartes la frase «pienso, luego existo», aunque en realidad dijo «dudo, pienso, existo».

Los descubrimientos de Descartes son fruto de intuiciones y no de un intelecto lógico. Se opuso radicalmente a todas las verdades unánimemente reconocidas. Como prueba, tenemos esta cita suya: «Para conseguir la verdad, hace falta una vez en la vida deshacerse de todas las opiniones que hemos recibido y reconstruir de nuevo y desde la base todo el sistema de conocimientos».

Cefalea: Dolor de cabeza.

Clase II: Prognatia superior.

Clase III: Prognatia inferior.

Composite: Material de obturación para reparar las caries. No existe mercurio en su composición.

Dentosofía: Tratamiento que se caracteriza por una visión humanista de la odontología, basándose en técnicas funcionales conocidas y señalando la relación entre el equilibrio bucal, el equilibrio del hombre y, más ampliamente, el del mundo.

Dolicocéfalo: Se dice de la persona que tiene el cráneo alargado.

Estomatognático: Corresponde a la esfera bucodentaria y maxilar.

Glosoptosis: Caída de la lengua o lengua baja, que produce una deglución patológica.

Incluido: Un diente está incluido cuando se queda bloqueado en el hueso maxilar.

Neurona: Célula del sistema nervioso.

Neuroplasticidad: Ver *plasticidad del cerebro*.

Onicofagia: Acto de morderse las uñas.

ORL: Abreviación de otorrinolaringología.

Ortodoncia: Acción de enderezar los dientes.

Ortopedia dentofacial: Especialidad odontológica que tiene como objetivo tratar las dismorfosis de la totalidad de la boca.

Otorrea: Secreción por el conducto auditivo externo; es un signo o aparece después de una otitis.

Paladar o bóveda palatina: Corresponde al paladar.

Periodonto: Zona que rodea los dientes.

Plasticidad del cerebro o neuroplasticidad: Facultad del cerebro de ser maleable, es decir, de regenerarse, a pesar de que hace apenas quince años se consideraba inamovible.

Prognatia inferior (clase III): El maxilar inferior está por delante del maxilar superior.

Prognatia superior (clase II): El maxilar superior avanza respecto al maxilar inferior.

Pronación: Movimiento del antebrazo, cuyo efecto es que la mano tenga una rotación de fuera a dentro.

Rehabilitación neurooclusal: Tratamiento fundado por P. Planas, cuyo objetivo es rehabilitar funcionalmente todo el sistema estomatognático.

RNO: Rehabilitación neurooclusal.

Sinapsis: Lugar de la célula nerviosa donde se sitúa la conexión con otra célula nerviosa. La sinapsis permite la transmisión del influjo nervioso.

BIBLIOGRAFÍA
❧

1. BERRON, J., *Sept regards sur l'enfance*, Montreal, Ed. DPG, 1999.
2. BESOMBES, A. y SOULET, R., *Thérapeutique orthopédique fonctionelle simplifiée*, París, Orthodontie Française, 1956.
3. CHOPRA, D., *Le corps quantique: trouver la santé aux confins du corps et de l'esprit*, París, InterEditions, 1990.
4. ESCHLER, J., «Analyse électromyographique des traitements avec l'activateur gouttière Soulet-Besombes» en *La thérapie fonctionnelle: ses résultats. Rapport collectif*, Orthodontie Française, vol. 32, París, 1961.
5. FRIEDKIN, W., *El exorcista*. Con Ellen Burstyn, Max von Sydow, etc. (película norteamericana de 1973).
6. HERMAN-GIDDENS, M. E., «Recent data on pubertal milestones in United States children: the secular trend toward earlier development» en *Int. J. Androl*, vol. 29(1), 2006: 241-246 discussion 286-290.
7. HEYBERGER M. A., PLANAS P., MACARY A.F., *et al.*, *La thérapie fonctionnelle: ses résultats. Rapport collectif*. Orthodontie Française, vol. 32, París, 1961.
8. Journées du Collège Européen d'Orthodontie, París, 11-12 novembre 1995. «La stabilité orthodontique». Information Dentaire, París, n. 14 (11 abril 1995).

9. MACARY A. F., *Myothérapies respiratoires et activateurs*, Orthodontie Française, París, 1952.

10. PADOVAN, B., «La réorganisation neurofonctionnelle». Cahiers de Médecine Anthroposophique (Taulignan, Association Médicale Anthroposophique Française) vol.68, 1995: 50-64.

11. PADOVAN, B., «Dos Pés à Cabeça (Andar, Falar e Pensar)». Chao e Gente (Botucatu, Instituto ELO de Economia Associativa) vol. 96(28), 1996: 9-10.

12. PARÈS, Y., *La médecine africaine: une efficacité étonnante – Témoignage d´une pionnière*. Gap, Ed. Yves Michel, 2004.

13. PARÈS, Y., *SIDA, de l'échec à l'espoir. Le regard d'une scientifique, médecin et tradipracticienne*. Gap, Ed. Yves Michel, 2007.

14. PLANAS, P., *Rehabilitación Neuro-Oclusal (RNO)*, 2.ª ed., Barcelona, Masson-Salvat Odontología, 1994.

15. PLANAS, P., *Réhabilitation Neuro-Occlusale: RNO*, 2.ª ed., Ed. CdP, Rueil Malmaison, 2006.

16. SCHNEIDER, M., *Autoguérison: ma vie, ma vision*. Plaza C/ Rouffignac, Ed. Arista, 1988.

17. STEINER, R., *Pratique de la pédagogie. Exemples pratiques tirés de la pédagogie Waldorf*. 2.ª ed., Éditions Anthroposophiques Romandes (EAR), Ginebra, 1993.

18. STEINER, R., *Educazione del bambino e preparazione degli educatori*, Milán, Ed. Antroposófica, 2002.

19. ZARIFIAN, E., *Le prix du bien-*être: *psychotropes et société*, París, Ed. O. Jacob, 1996.

Web del autor: www.dentosophie.com

La dentosofía en España:
El elenco completo de los dentistas españoles formados con
el Dr. Michel Montaud se puede consultar en www.dentosofia.es
Información para los cursos en España:
cursodentosofia@gmail.com.

Clínica Dental Dra. Dolores López del Jesús
Calle Julio Romero de Torres, 23, esc.-B, 3.º F
14900 Lucena (Córdoba)
Teléfono: 957515454

Centro de Odontología Holística
Od. María Judith Gelfo Flores
Calle Alfonso XII, 58
28014 Madrid
Teléfonos: 915286614 y 915271765
www.odontologia-holistica.com

Dra. Ana Delgado Rabadá
Avenida Virgen de Montserrat, 145
08041 Barcelona
Teléfono: 934364756

Para saber más sobre los activadores plurifuncionales:
www.sodis-apf.com

Gaia ediciones

CUIDADO DENTAL HOLÍSTICO

Guía completa para la salud integral de dientes y encías

NADINE ARTEMIS

Cuidado dental holístico es la primera guía de terapia natural y salud integral orientada exclusivamente al cuidado de los dientes y las encías.
Esta obra propone además un elaborado y completo Plan diario de ocho pasos que garantiza la protección definitiva de dientes y encías, así como la prevención de la caries y las infecciones más comunes de la boca.

LA CIENCIA DEL AYURVEDA

Guía completa de la medicina india tradicional

ACHARYA BALKRISHNA

La ciencia del Ayurveda describe los fundamentos de esta ancestral medicina india en un lenguaje accesible tanto para quienes buscan introducirse en esta disciplina como para aquellos que desean profundizar en sus enseñanzas.

CURACIÓN AYURVEDA

Guía completa para el tratamiento en el hogar

VASANT LAD

Curación ayurveda nos permite experimentar los beneficios de las propiedades curativas del ayurveda, perfeccionadas a lo largo de miles de años. Todas las hierbas, alimentos y aceites que recomienda el doctor Lad pueden encontrarse en herbolarios locales o adquirirse por correo.